Gray Raven Punishing

THE ART OF: 战双帕弥什美术集 VOL.3 (FULL REVEAL)

战双帕弥什项目制作组 著

电子工业出版社·
Publishing House of Electronics Industry
北京·BEIJING

图书在版编目（CIP）数据

战双帕弥什美术集. VOL.3 / 战双帕弥什项目制作组
著. -- 北京：电子工业出版社, 2025. 3. -- ISBN 978-
7-121-49736-0

Ⅰ. G898.3-64

中国国家版本馆CIP数据核字第20251X094V号

责任编辑：孔祥飞
印　　刷：天津裕同印刷有限公司
装　　订：天津裕同印刷有限公司
出版发行：电子工业出版社
　　　　　北京市海淀区万寿路 173 信箱　　邮编：100036
开　　本：880×1230　1/16　　印张：14.75　字数：377.6 千字
版　　次：2025 年 3 月第 1 版
印　　次：2025 年 3 月第 1 次印刷
定　　价：158.00 元

凡所购买电子工业出版社图书有缺损问题，请向购买书店调换。若书店售缺，请与本社发行部联系，
联系及邮购电话：（010）88254888 或 88258888。
质量投诉请发邮件至 zlts@phei.com.cn，盗版侵权举报请发邮件至 dbqq@phei.com.cn。
本书咨询联系方式：（010）88254161~88254167 转 1897。

Gray Raven

THE ART OF: (FULL REVEAL)

// PROFILE ACCESSIBILITY: FULL ACCESS
// OPEN FILE FOLDERS......

// START WITH

FROM
PAGE 005
TO
PAGE 085

构造体 // CONSTRUCT

构造体

THE ART OF GRAY RAVEN
FULL REVEAL

构造体

CHAPTER

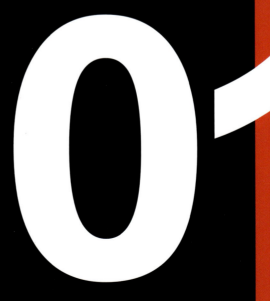

先锋型 **KCS-54**

蒲牢·华钟

身　　高	140cm
体　　重	32kg
启　动　日	8月15日
心　理　年　龄	14岁
循环液类型	A型

// PORTRAIT 头像

龙子蒲牢的机体并非由常规制式部件
制作而成，但却被细致地调整至最适
合蒲牢意识海的规格，能够更好发挥
她超乎常规的怪力。

// ILLUSTRATION 角色立绘

// CHARACTER ART 角色立绘

九龙蒲牢在此，和我一起上吧！
// VOICE RECORD 角色语音

// CHARACTER CONCEPT ART 角色概念设计

先锋型 KCS-54

蒲牢·华钟

// CHARACTER DESIGN 角色美术设计

// CHARACTER DESIGN – HEAD 角色美术设计 – 头部

// CHARACTER DESIGN – CHIBI 角色美术设计 – Q 版

// CHARACTER DESIGN 角色美术设计

先锋型 **KCS-54**

蒲牢·华钟

专属武器
无隅

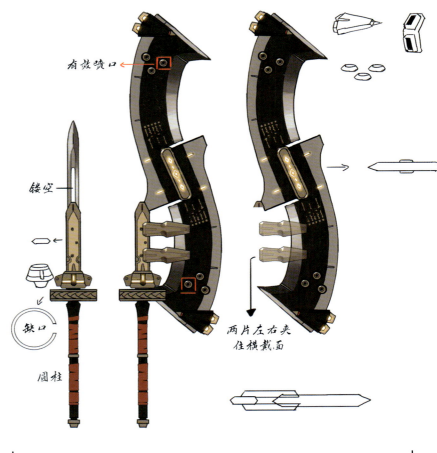

有效喷口

镂空

缺口

圆柱

两片左右夹
住横戴面

★★★★
灰钢

喷口

有效喷口

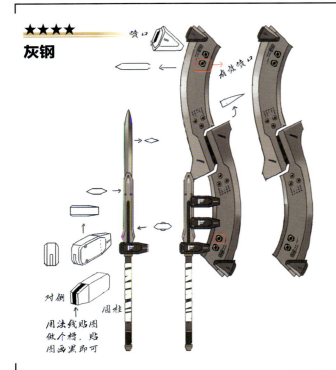

对侧
圆柱
用法线贴图
做个槽，贴
图画黑即可

★★★★★
霜尺

有效喷口

不同武器上红框圈出
来的喷口，相对位置
相同，特效挂在这个
喷口上

两侧都有槽

槽同四星设计
圆柱
顶视

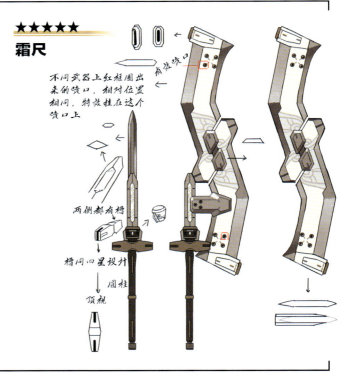

先锋型 **KCS-54**
蒲牢·华钟

涂装
甲乙青木

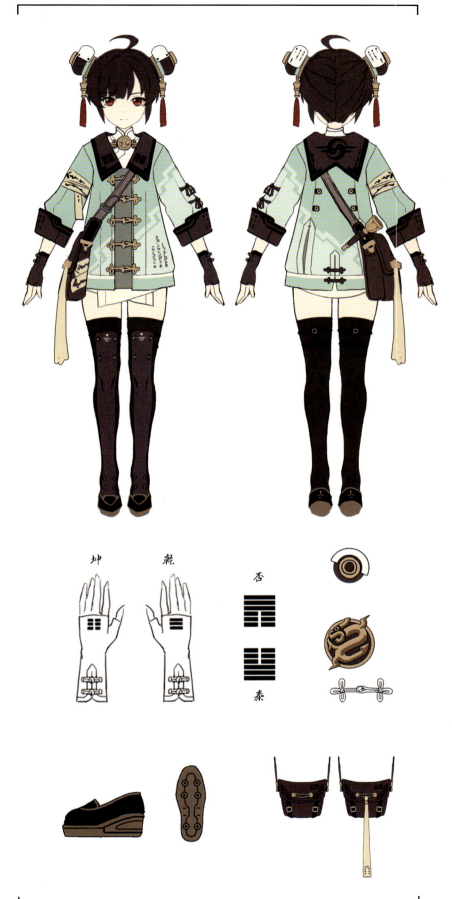

// COATING DISPLAY 涂装展示

坤　　乾

否

泰

先锋型 **KCS-54**

装甲型 **MPL-00**

七实·遥星之座

// PROFILE 角色资料

身　　高	145cm
体　　重	45kg
启 动 日	不明
心 理 年 龄	不明
循 环 液 类 型	不明

// PORTRAIT 头像

七实为自己制作的机体，采取了极致
轻量化的处理，但无论是其内部技术
还是机体强度都已经达到了现有人类
科技无法解释的水平。

// ILLUSTRATION 角色立绘

// CHARACTER ART 角色立绘

七实把它们全部打飞也是可以的吧？
// VOICE RECORD 角色语音

// CHARACTER CONCEPT ART 角色概念设计

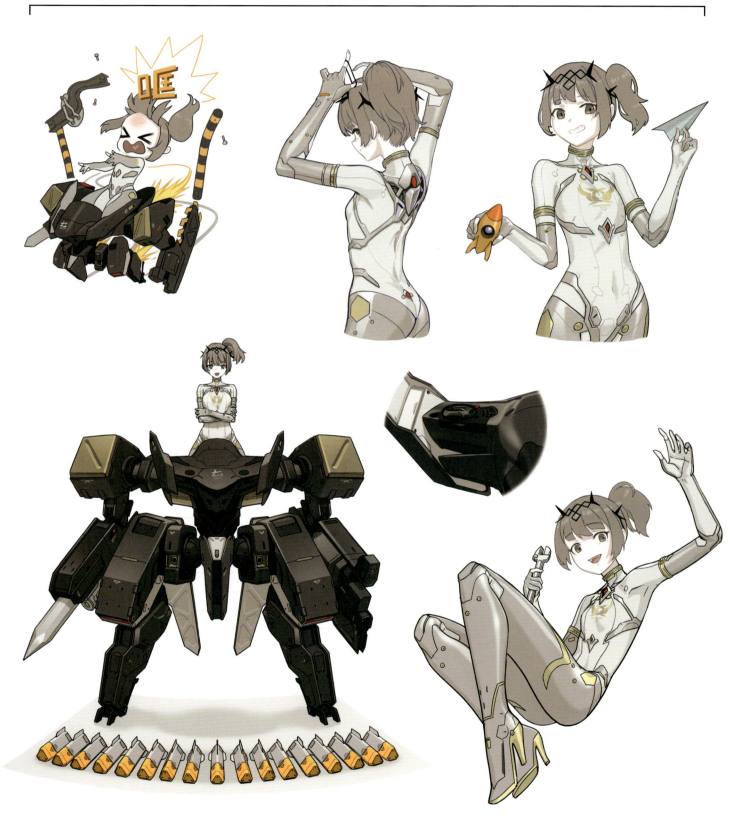

装甲型 MPL-00
七实·遥星之座

// CHARACTER DESIGN 角色美术设计

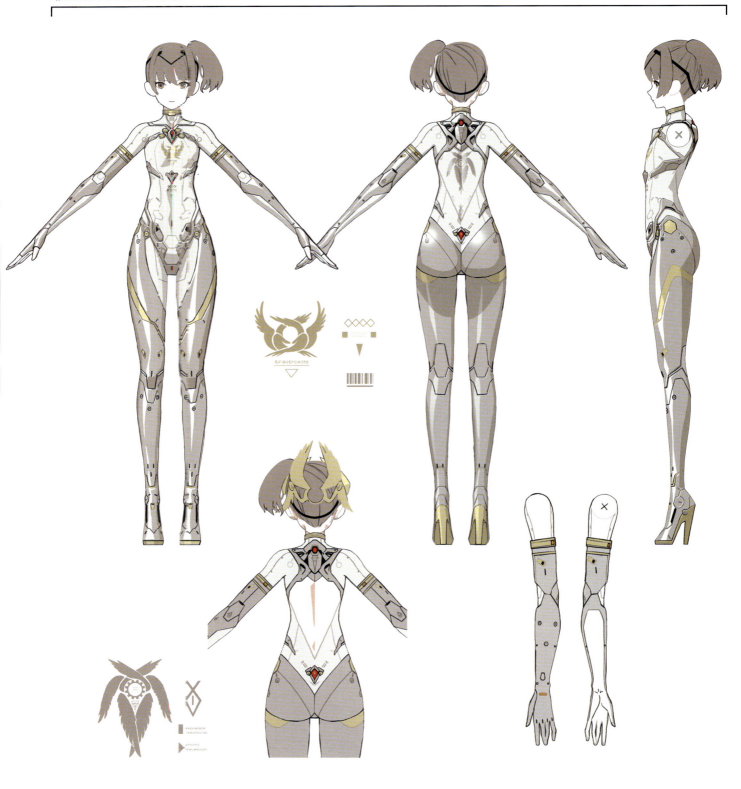

// CHARACTER DESIGN − HEAD 角色美术设计－头部

高 终

// CHARACTER DESIGN − CHIBI 角色美术设计－Q 版

// CHARACTER DESIGN 角色美术设计

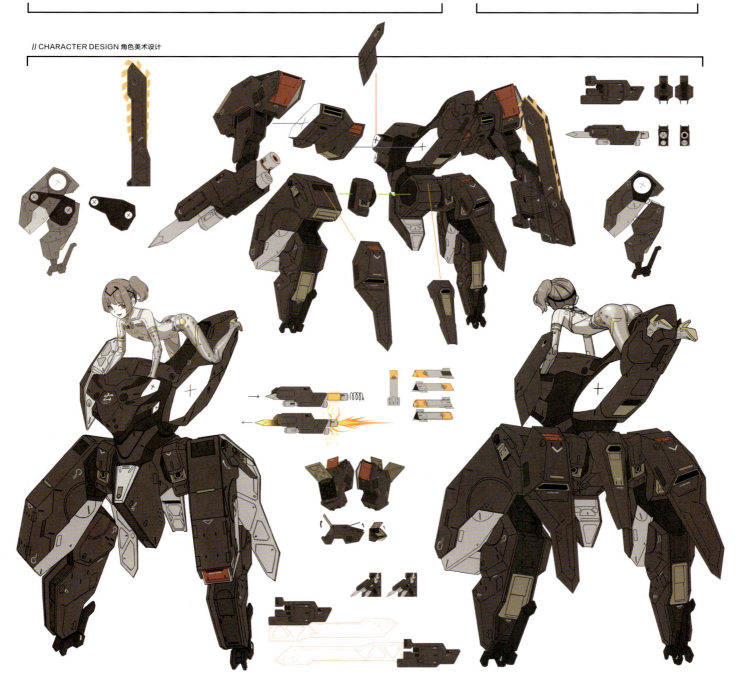

装甲型 MPL-00
七实·遥星之座

专属武器
聚爆

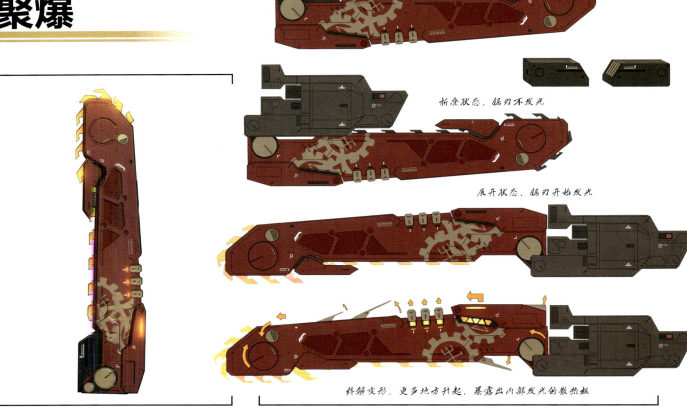

折叠状态，锯刃不发光

展开状态，锯刃开始发光

终解变形，更多地方升起，暴露出内部发光的散热板

// WEAPON DESIGN CONCEPT ART 武器概念设计

★★★★
怒飙

★★★★★
红移

装甲型 **MPL-00**
七实·遥星之座

涂装
白夜领航员

// COATING DESIGN 涂装设计

// COATING DISPLAY 涂装展示

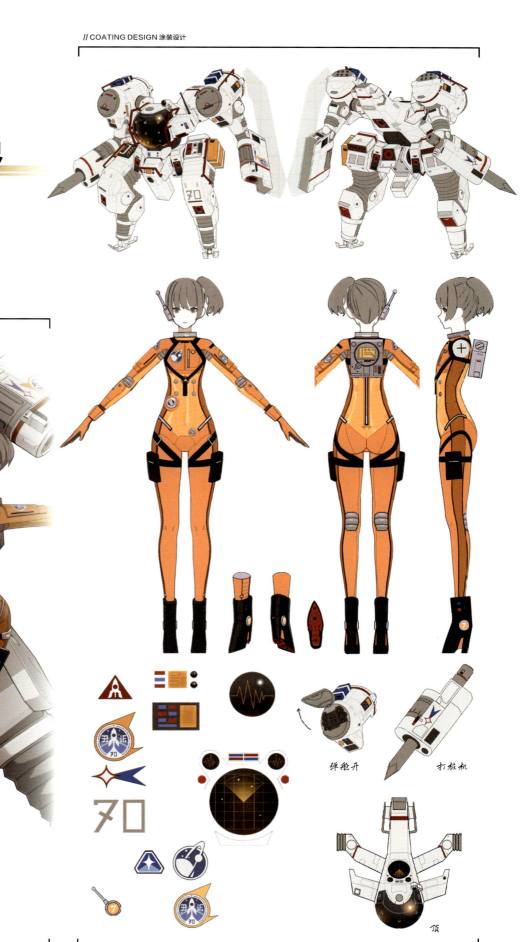

弹舱开

打桩机

顶

先锋型 MPA-01

哈卡玛·隐星

// PROFILE 角色资料

身　　高	166cm	
体　　重	50kg	
启　动　日	不明	
心 理 年 龄	不明	
循 环 液 类型	不明	

// PORTRAIT 头像

来自机械教会的机械体，以寻找机械先哲为目的在地球上行动。与其他机械相比，她对"先哲"的追寻似乎还有着别的理由。

// ILLUSTRATION 角色立绘

// CHARACTER ART 角色立绘

战术性回路启动，开始作战。
// VOICE RECORD 角色语音

先锋型 **MPA-01**

哈卡玛·隐星

// CHARACTER DESIGN 角色美术设计

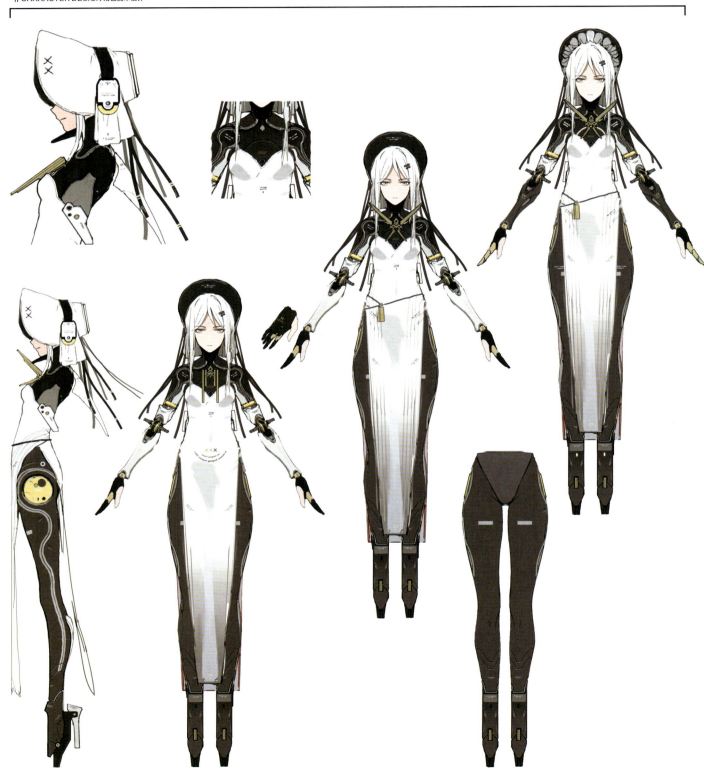

// CHARACTER DESIGN - HEAD 角色美术设计 - 头部

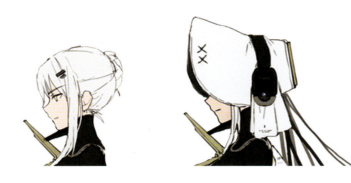

// CHARACTER DESIGN - CHIBI 角色美术设计 - Q版

// CHARACTER DESIGN 角色美术设计

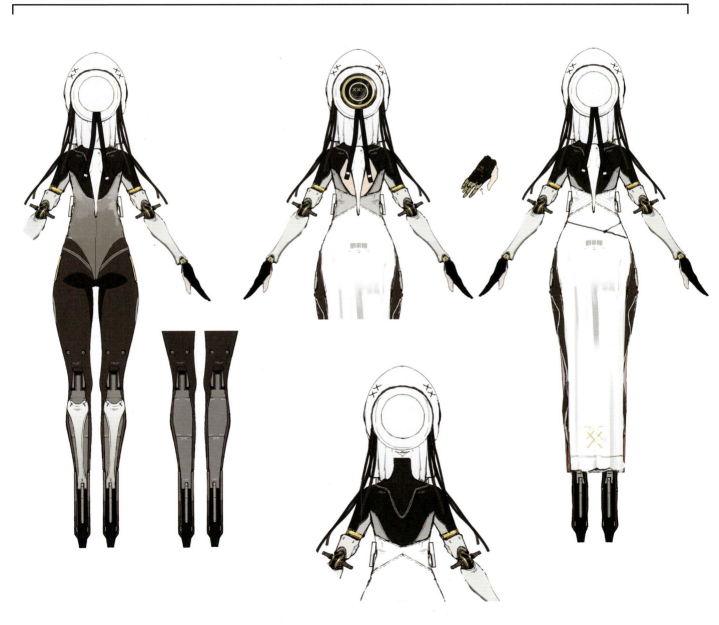

先锋型 MPA-01
哈卡玛·隐星

专属武器
伽拉忒亚

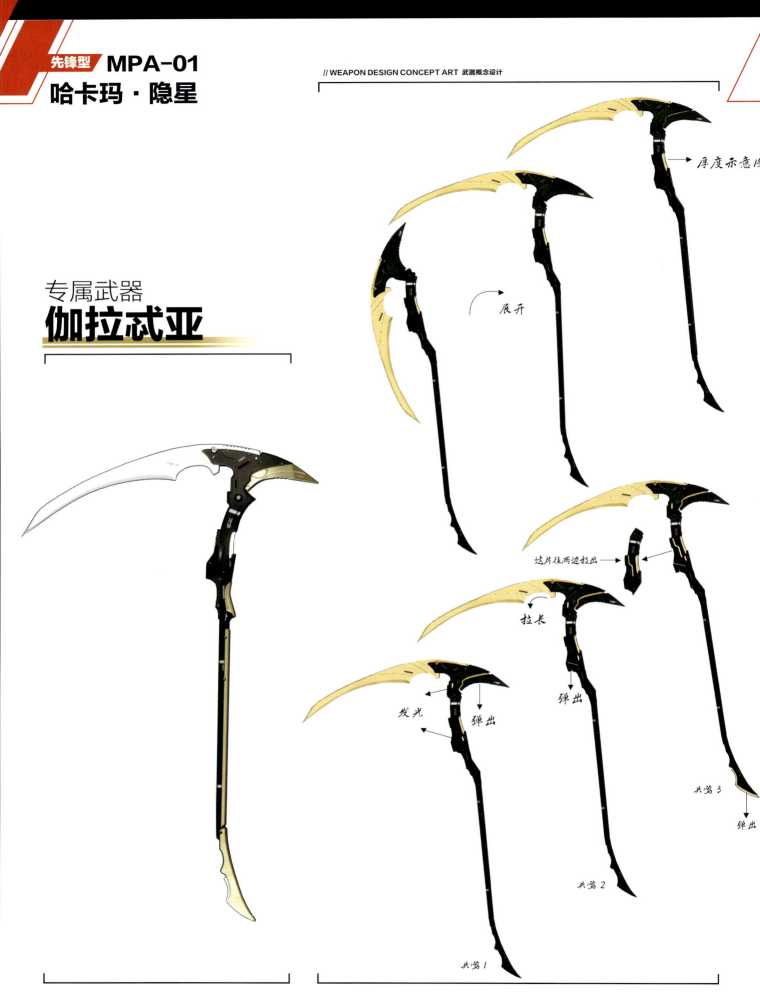

厚度示意图

展开

这片往两边拉出

拉长

弹出

发光 弹出

共鸣 3

弹出

共鸣 2

共鸣 1

先锋型 MPA-01
哈卡玛·隐星

涂装
奇境旅伴

// COATING DESIGN 涂装设计

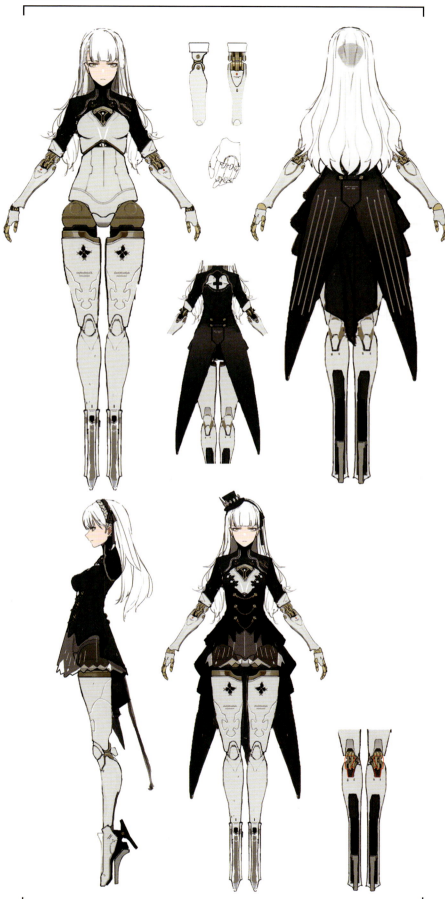

// COATING DISPLAY 涂装展示

装甲型 **BPD-72**

卡列尼娜 · 辉晓

// PROFILE 角色资料

身　　　高	163cm
体　　　重	42kg
启　动　日	3月2日
心 理 年 龄	16 岁
循 环 液 类 型	B 型

// PORTRAIT 头像

"辉晓"是卡列尼娜为了适应月面低重
力环境而开发的机体，其核心动力系统
搭载了最先进的小型化重力控制装置，
甚至能实现短时间的空中机动。

// ILLUSTRATION 角色立绘

// CHARACTER ART 角色立绘

这就是任务目标？那我先上了！
// VOICE RECORD 角色语音

装甲型 **BPD-72**

卡列尼娜 · 辉晓

// CHARACTER DESIGN 角色美术设计

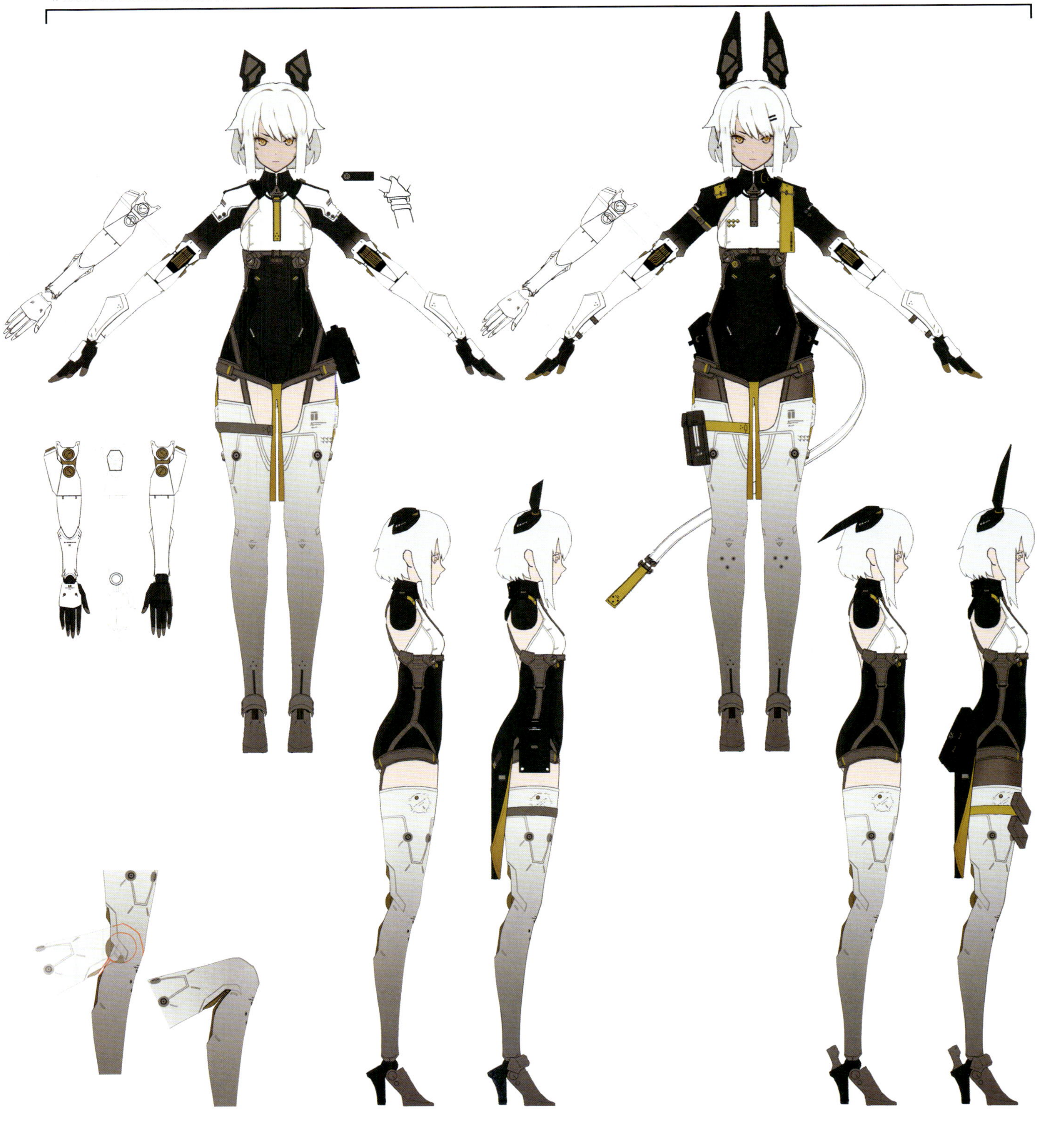

// CHARACTER DESIGN － HEAD 角色美术设计－头部

// CHARACTER DESIGN － CHIBI 角色美术设计－Q 版

// CHARACTER DESIGN 角色美术设计

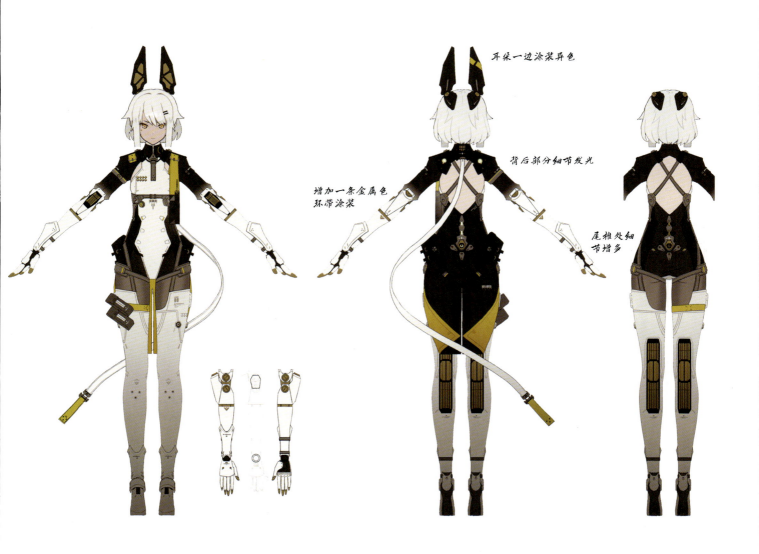

耳朵一边涂装异色

增加一条金属色
环带涂装

背后部分细节发光

尾椎处细
节增多

装甲型 BPD-72
卡列尼娜·辉晓

专属武器
暗寂闪光

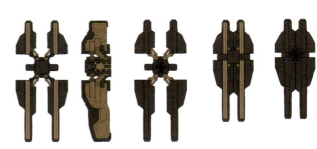

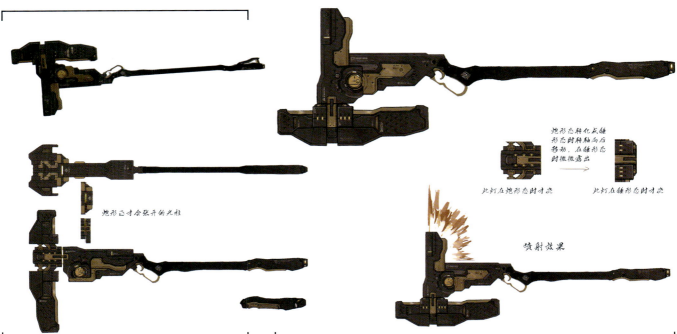

炮形态转化成锤形态时转轴向后移动，在锤形态时微微露出

此灯在炮形态时才亮

此灯在锤形态时才亮

喷射效果

炮形态之才会张开的光柱

★★★★
试作型重破锤

★★★★★
绝境破碎者

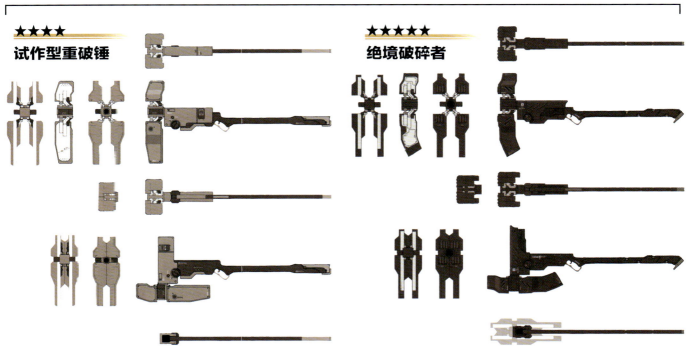

装甲型 **BPD-72**
卡列尼娜·辉晓

涂装
孤夜黯棘

// COATING DISPLAY 涂装展示

// COATING DESIGN 涂装设计

先锋型 **BPZ-01**

诺安·逆旅

// PROFILE 角色资料

身　　高	182cm
体　　重	69kg
启 动 日	8月8日
心 理 年 龄	21岁
循环液类型	A型

// PORTRAIT 头像

"他"为了救下诺安所制造的机体，最初全身重量只有41.3kg，像是为了限制使用者行动一样使用了大量劣化组件。现已经过"空中花园"二次检测与改良，确保各项指标均处于安全稳定的范围内。

// ILLUSTRATION 角色立绘

// CHARACTER ART 角色立绘

战斗……是为了让明天远离痛苦。

// VOICE RECORD 角色语音

Noan's coimc book (lost)

诺安·逆旅

// CHARACTER DESIGN 角色美术设计

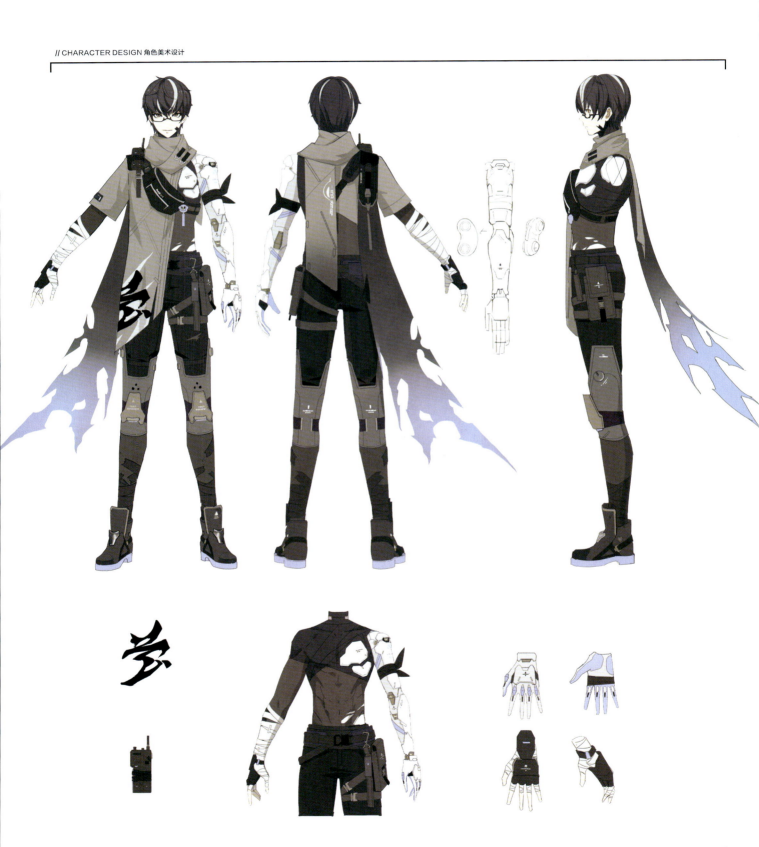

// CHARACTER DESIGN – HEAD 角色美术设计 – 头部

// CHARACTER DESIGN – CHIBI 角色美术设计 – Q 版

// CHARACTER DESIGN 角色美术设计

亚克力牌

先锋型 **BPZ-01**
诺安·逆旅

专属武器
普罗米修斯

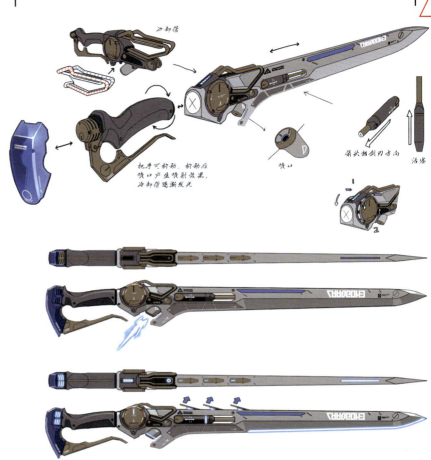

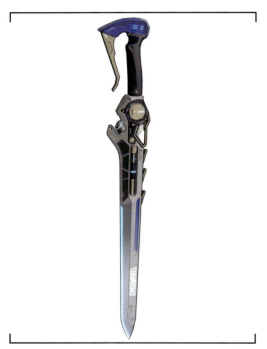

★★★★
全村的希望

★★★★★
高频粒子刀

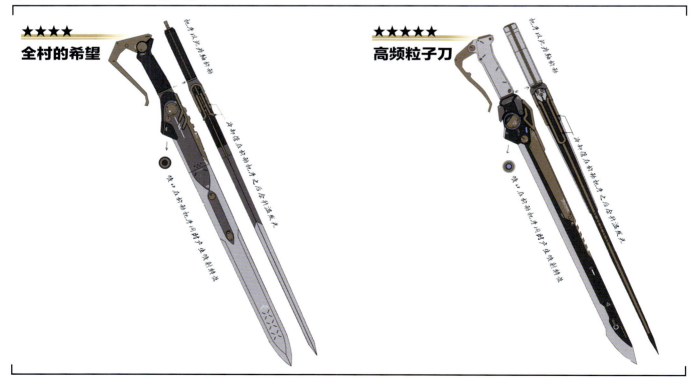

先锋型 BPZ-01
诺安·逆旅

涂装
恒想新岸

// COATING DESIGN 涂装设计

NOAN

// COATING DISPLAY 涂装展示

先锋型 BPZ-01

进攻型 **BPO-87**

比安卡・深痕

// PROFILE 角色资料

身　　　高	172cm
体　　　重	57kg
启　动　日	11月21日
心 理 年 龄	25 岁
循环液类型	A 型

// PORTRAIT 头像

在对寻体碎片进行深度研究的基础上，由黑野制造的新型特化机体。机体自带的溯源装置能够一定程度读取帕弥什残留的信息。

// ILLUSTRATION 角色立绘

// CHARACTER ART 角色立绘

追溯、理解、回归……肃清开始。
// VOICE RECORD 角色语音

// CHARACTER CONCEPT ART 角色概念设计

进攻型 **BPO-87**

比安卡·深痕

// CHARACTER DESIGN 角色美术设计

// CHARACTER DESIGN – HEAD 角色美术设计－头部

// CHARACTER DESIGN – CHIBI 角色美术设计－Q版

// CHARACTER DESIGN 角色美术设计

进攻型 **BPO-87**
比安卡·深痕

专属武器
赫卡忒

变形过程

// WEAPON DESIGN CONCEPT ART 武器概念设计

★★★★
薄暮幻象

★★★★★
极夜

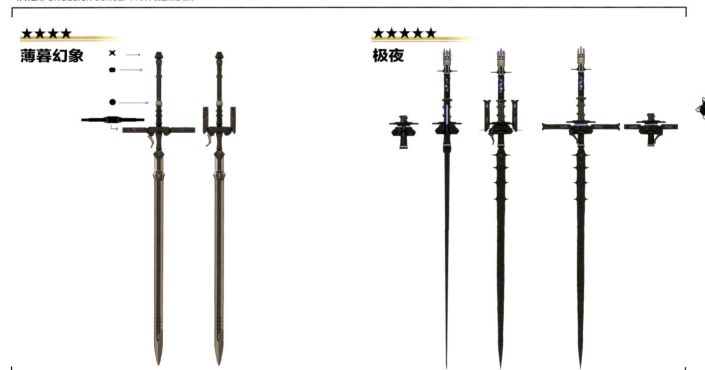

进攻型 **BPO-87**

比安卡·深痕

涂装
逐魇幽芒

// COATING DESIGN 涂装设计

// COATING DISPLAY 涂装展示

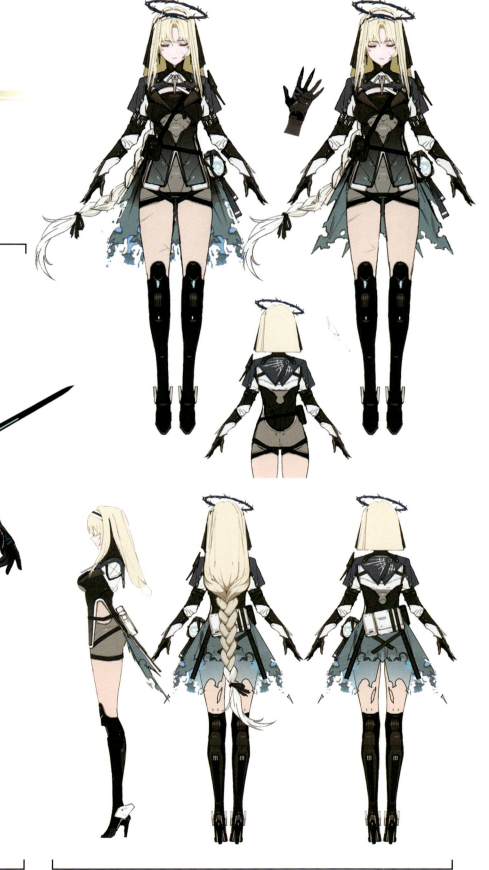

进攻型 **BPM-11**

邦比娜塔 · 琉璃

// PROFILE 角色资料

身　　高	135.5cm
体　　重	29kg
启 动 日	12 月 5 日
心 理 年 龄	9 岁
循 环 液 类 型	AB 型

// PORTRAIT 头像

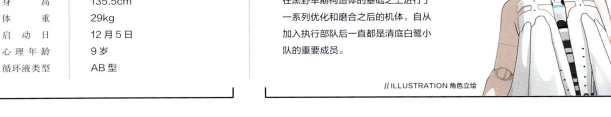

在黑野早期构造体的基础之上进行了一系列优化和磨合之后的机体，自从加入执行部队后一直都是清庭白鹭小队的重要成员。

// ILLUSTRATION 角色立绘

// CHARACTER ART 角色立绘

像人偶一样……起舞吧！
// VOICE RECORD 角色语音

// CHARACTER CONCEPT ART 角色概念设计　角色原设 & 插图提供：D.K（X:@DKGROUND）

「邦比娜塔·琉璃」原案设计师 D.K（X:@DKGROUND）

进攻型 **BPM-11**

邦比娜塔·琉璃

// CHARACTER DESIGN 角色美术设计

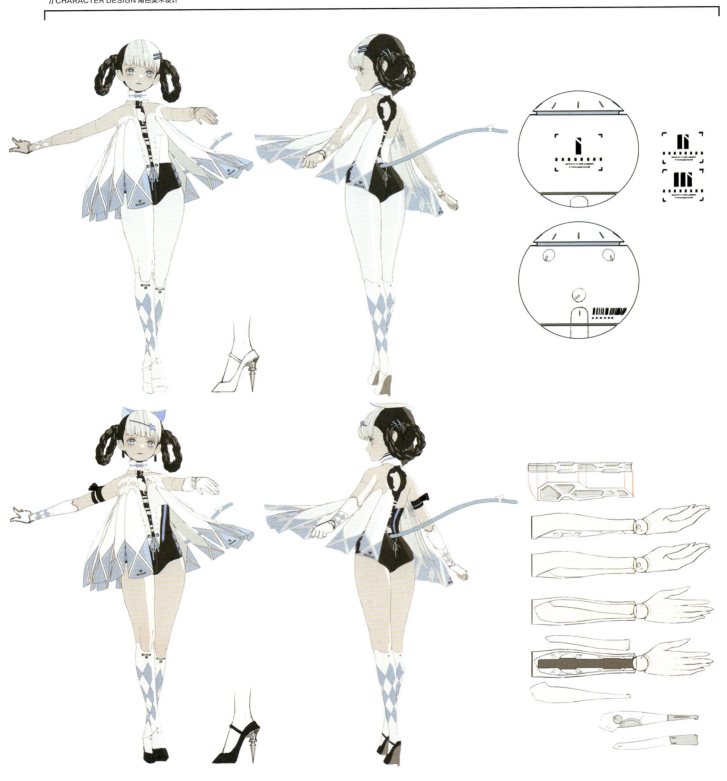

// CHARACTER DESIGN – HEAD 角色美术设计 – 头部

// CHARACTER DESIGN – CHIBI 角色美术设计 – Q 版

// CHARACTER DESIGN 角色美术设计

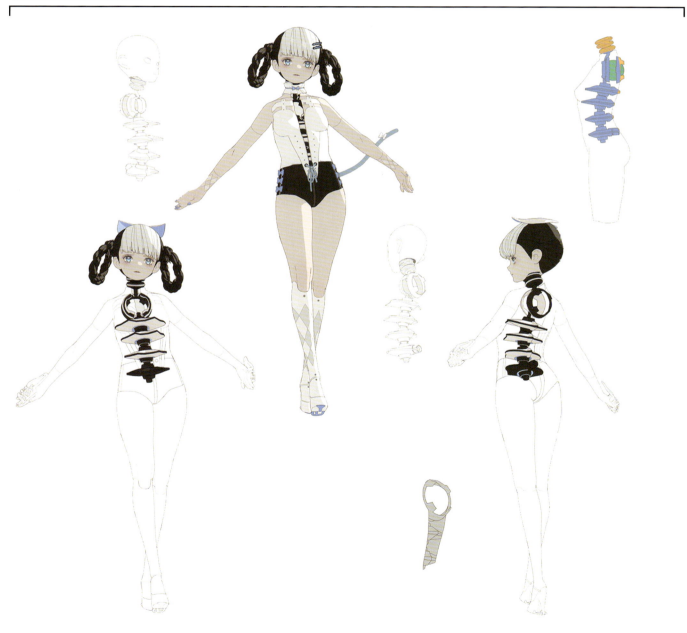

进攻型 ## BPM-11
邦比娜塔·琉璃

专属武器
静谧人形之声

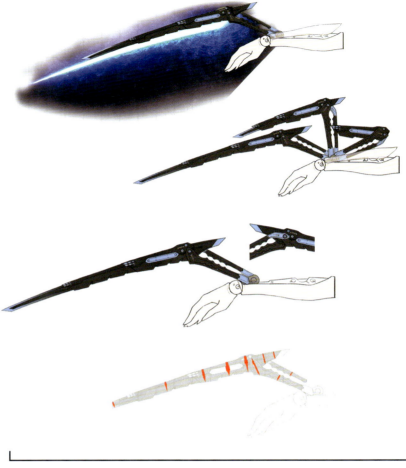

★★★★
无心利刃

★★★★★
彗星之锋

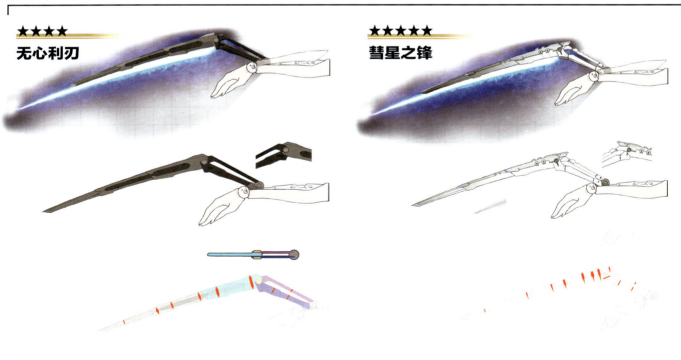

进攻型 **BPM-11**
邦比娜塔·琉璃

涂装
天鹅湖畔

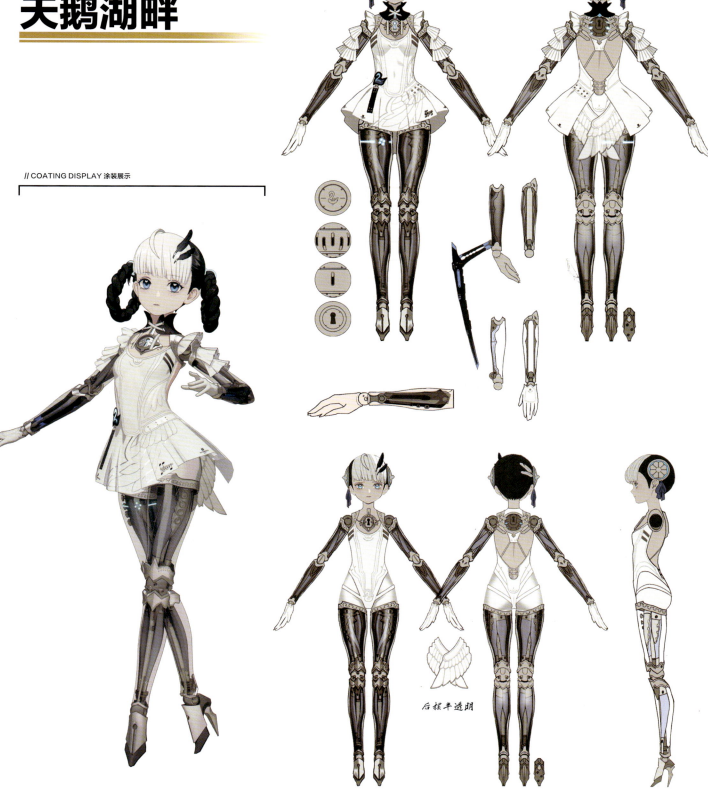

// COATING DISPLAY 涂装展示

后摆半透明

进攻型 BPN-06

里·超刻

// PROFILE 角色资料

身　　高	175cm
体　　重	63kg
启 动 日	7 月 23 日
心 理 年 龄	18 岁
循环液类型	AB 型

// PORTRAIT 头像

以异聚碎片中的信息和逆元装置的研究资料作为基础，科学理事会研发出了新型特化机体。该机体能够高度免疫帕弥什病毒，并且在一定程度上拥有解读帕弥什语言的能力。

// ILLUSTRATION 角色立绘

// CHARACTER ART 角色立绘

推演完毕……指挥官，我们会赢下这场战斗。
// VOICE RECORD 角色语音

// CHARACTER CONCEPT ART 角色概念设计

进攻型 BPN-06
里·超刻

// CHARACTER DESIGN 角色美术设计

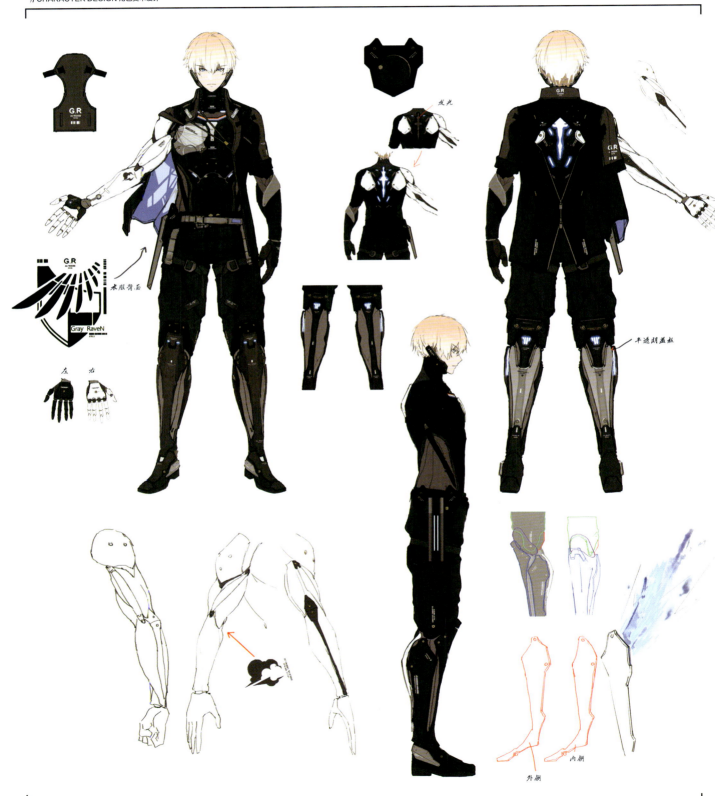

// CHARACTER DESIGN – HEAD 角色美术设计－头部

// CHARACTER DESIGN – CHIBI 角色美术设计－Q 版

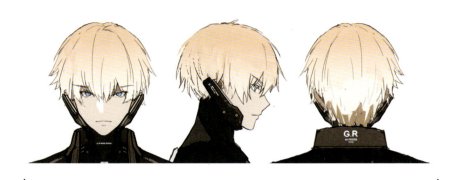

// CHARACTER DESIGN 角色美术设计

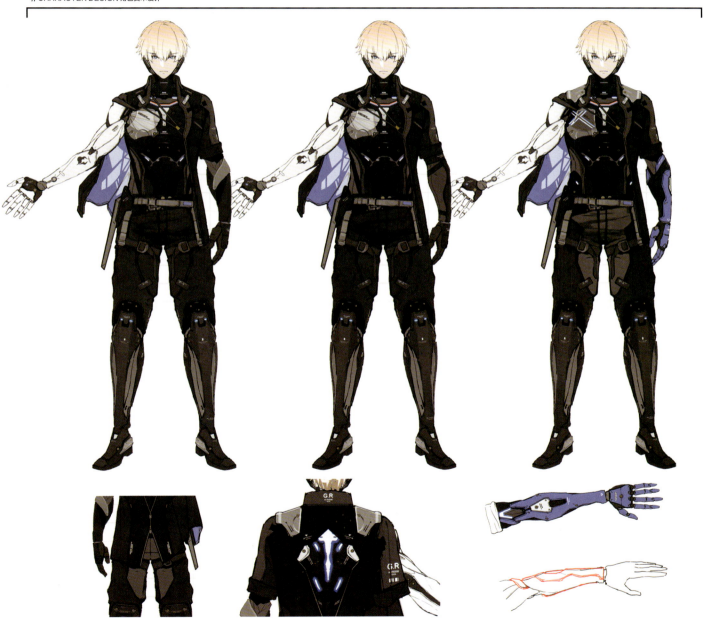

进攻型 BPN-06
里·超刻

专属武器
时隧之钥 **斯托克斯**

// WEAPON DESIGN CONCEPT ART 武器概念设计

★★★★
试作型复合兵装

★★★★★
核子熔断·δ

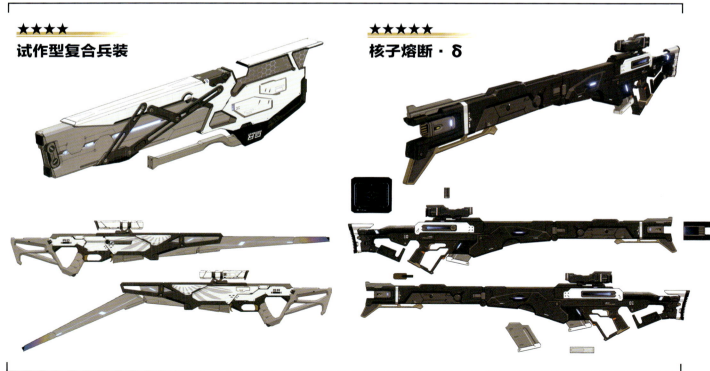

进攻型 **BPN-06**
里·超刻

涂装
苍红救赎

// COATING DISPLAY 涂装展示

// COATING DESIGN 涂装设计

BLOOD HUNTER

增幅型 **BPF-22**

艾拉·万华

// PROFILE 角色资料

身　　高	167cm	
体　　重	64kg	
启 动 日	12 月 15 日	
心 理 年 龄	18 岁	
循环液类型	O 型	

// PORTRAIT 头像

结合艺术协会多年的技术累积，在艾拉的主导下设计开发的新机体。在强调战斗性能的同时，保留了艾拉一贯的风格。

// ILLUSTRATION 角色立绘

// CHARACTER ART 角色立绘

随意挥洒，自由创作！
// VOICE RECORD 角色语音

加油！！

Ayla

增幅型 **BPF-22**

艾拉·万华

// CHARACTΣR DESIGN 角色美术设计

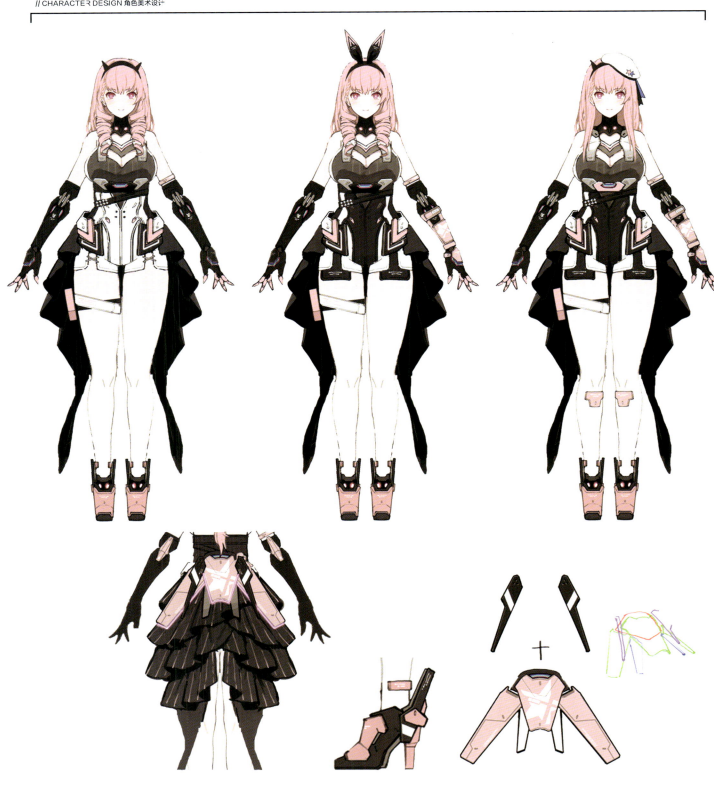

// CHARACTER DESIGN - HEAD 角色美术设计 - 头部

// CHARACTER DESIGN - CHIBI 角色美术设计 - Q 版

// CHARACTER DESIGN 角色美术设计

增幅型 **BPF-22**

艾拉·万华

专属武器
星海漫游者

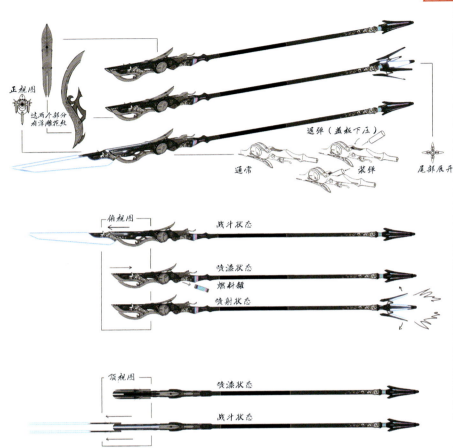

正视图
这两个部分有浮雕花纹

退弹（盖板下压）

通常   装弹   尾部展开

俯视图
战斗状态
喷漆状态
燃料罐
喷射状态

顶视图
喷漆状态
战斗状态

// WEAPON DESIGN CONCEPT ART 武器概念设计

★★★★
试作型"画笔"

★★★★★
二重虹光

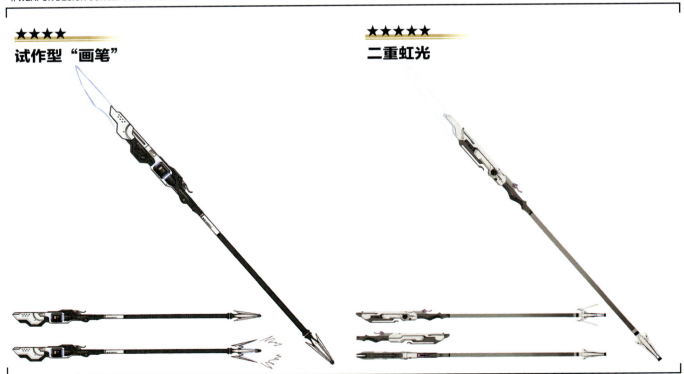

增幅型 BPF-22
艾拉·万华

涂装
闪耀晨星

// COATING DESIGN 涂装设计

比安卡·真理

特效涂装
春围巡狩

// COATING DISPLAY 涂装展示

// COATING DESIGN 涂装设计

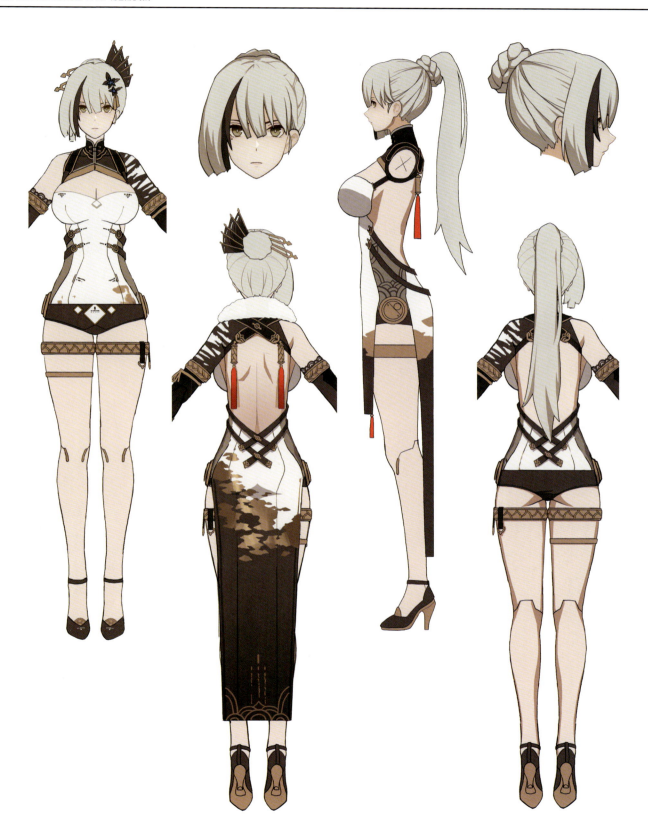

COATING

比安卡·深痕

特效涂装
拾梦白菀

// COATING DISPLAY 涂装展示

// COATING DESIGN 涂装设计

// CHARACTER CONCEPT ART 角色概念设计

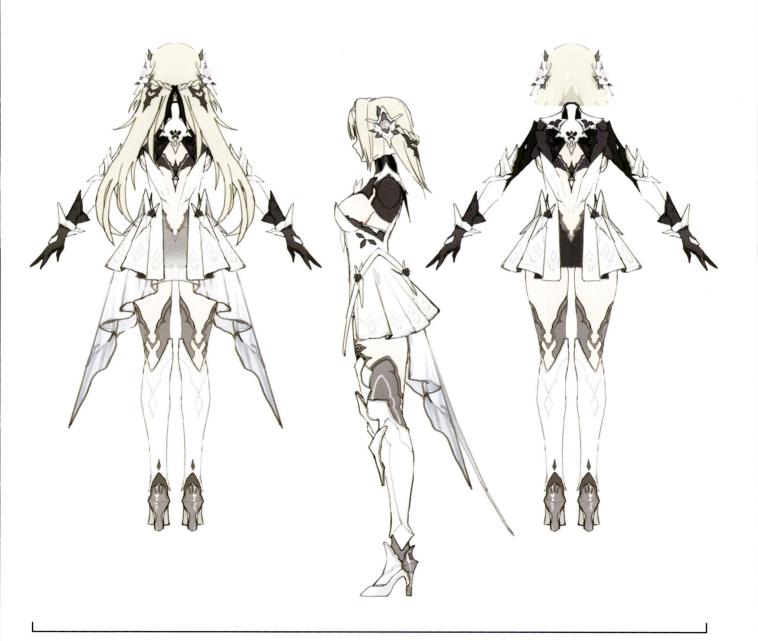

SFX COATING

神威 · 暗能

特效涂装
扬威虎将

// COATING DESIGN 涂装设计

// COATING DISPLAY 涂装展示

// CHARACTER CONCEPT ART 角色概念设计

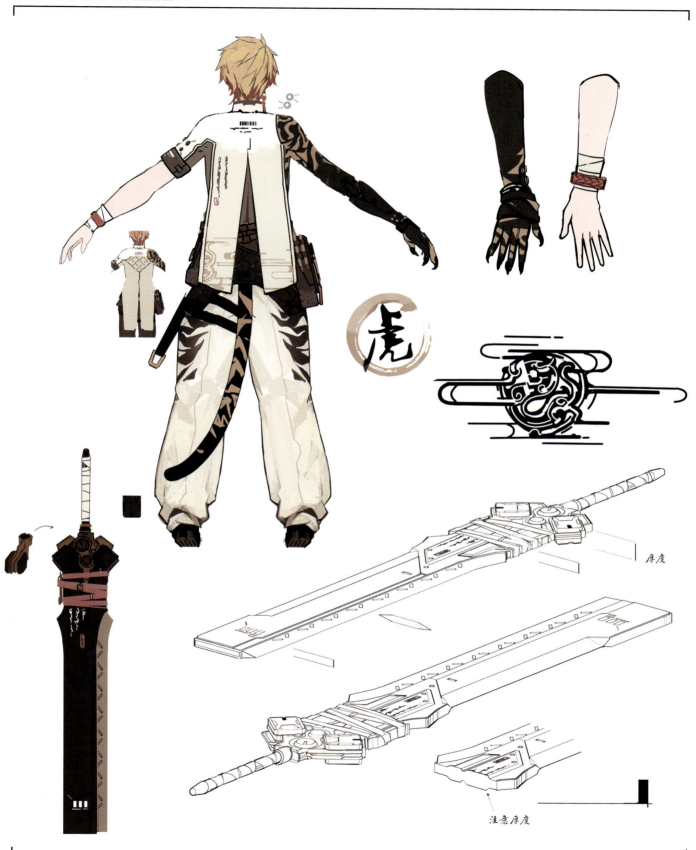

虎

厚度

注意厚度

SFX # COATING

里·乱数

特效涂装
撷影迷情

// COATING DISPLAY 涂装展示

// COATING DESIGN 涂装设计

COATING
罗兰 · 戏炎

涂装
靛墨烟波

// COATING DESIGN 涂装设计

// COATING DISPLAY 涂装展示

SFX COATING

蒲牢・华钟

特效涂装
赤锦泂梦

// COATING DESIGN 涂装设计

// COATING DESIGN 涂装展示

鞋子以这个高跟鞋为准

COATING
21号·XXI

涂装
夏雪微鸣

// COATING DISPLAY 涂装展示

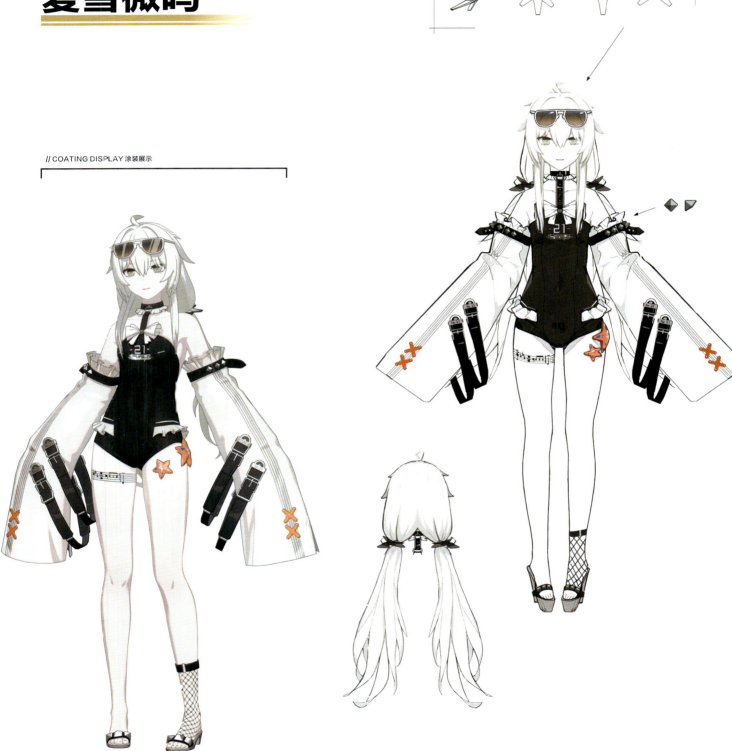

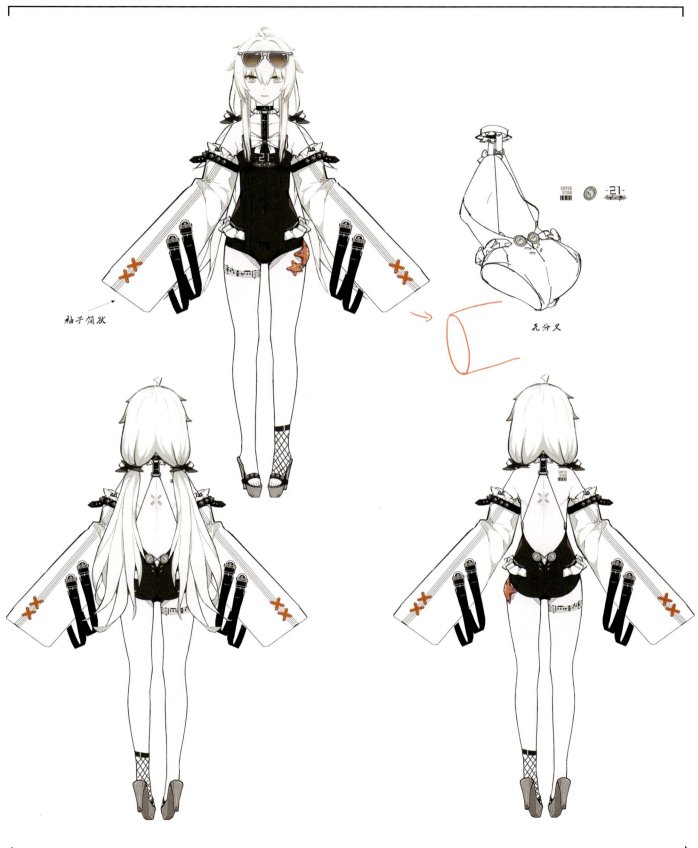

袖子筒状

无分叉

丽芙 · 极昼

特效涂装
绮愿稚梦

// COATING DESIGN 涂装设计

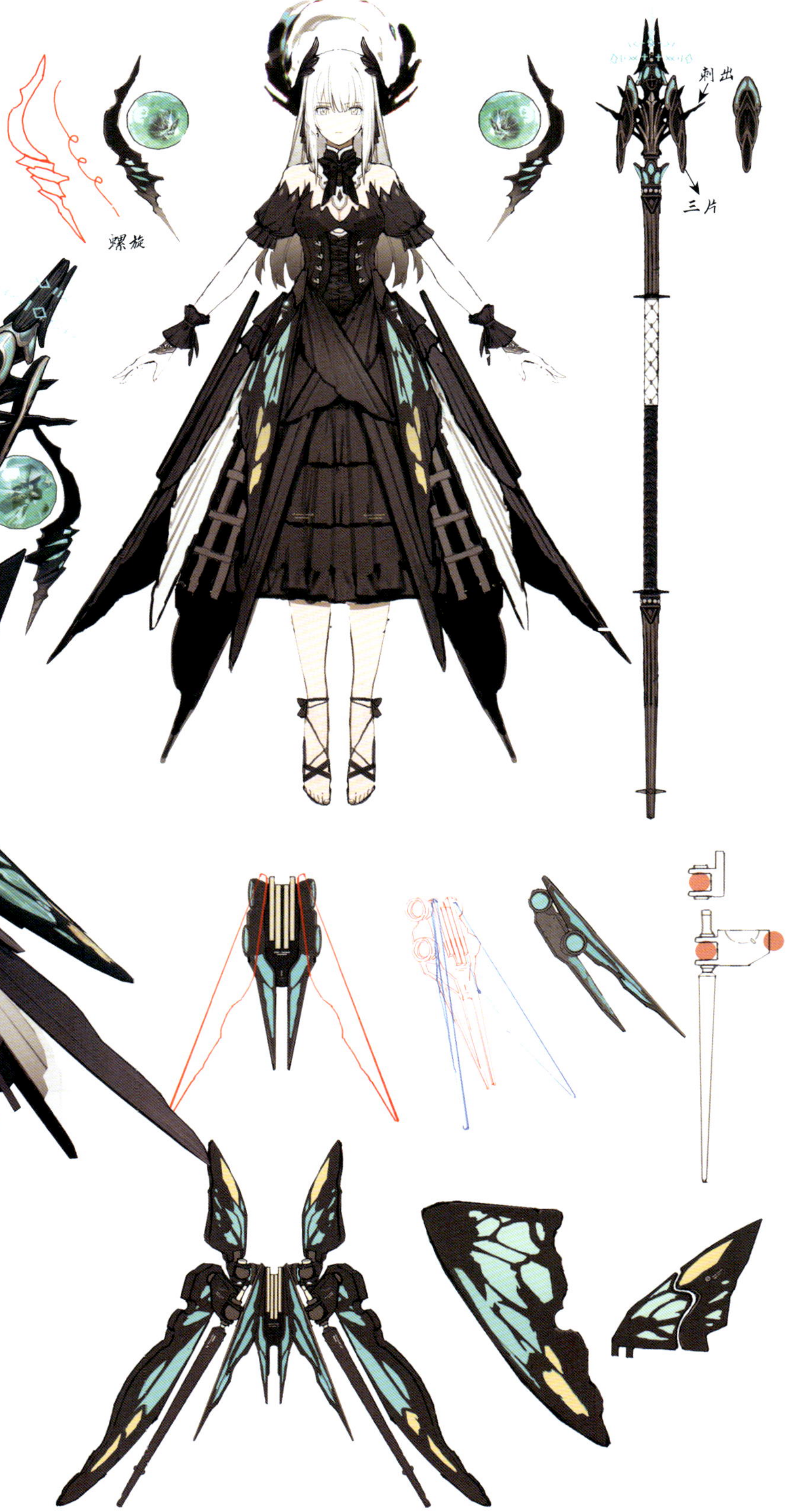

// COATING DISPLAY 涂装展示

// CHARACTER CONCEPT ART 角色概念设计

雷丝

SFX COATING

薇拉·绯耀

特效涂装
绯澜盛律

// COATING DISPLAY 涂装展示

// COATING DESIGN 涂装设计

// CHARACTER CONCEPT ART 角色概念设计

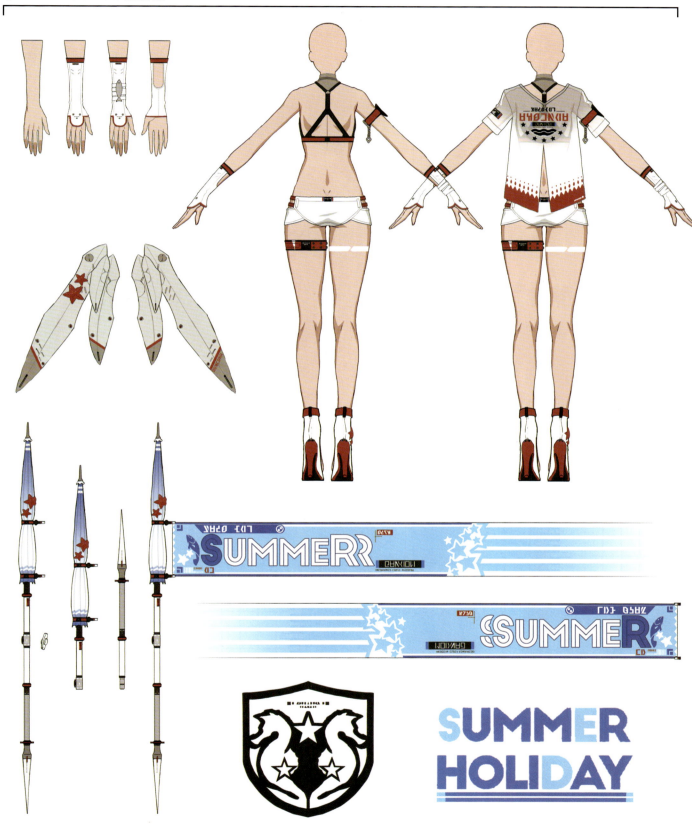

SFX COATING

罗塞塔·凛冽

特效涂装
尼刻 US1000

// COATING DESIGN 涂装设计

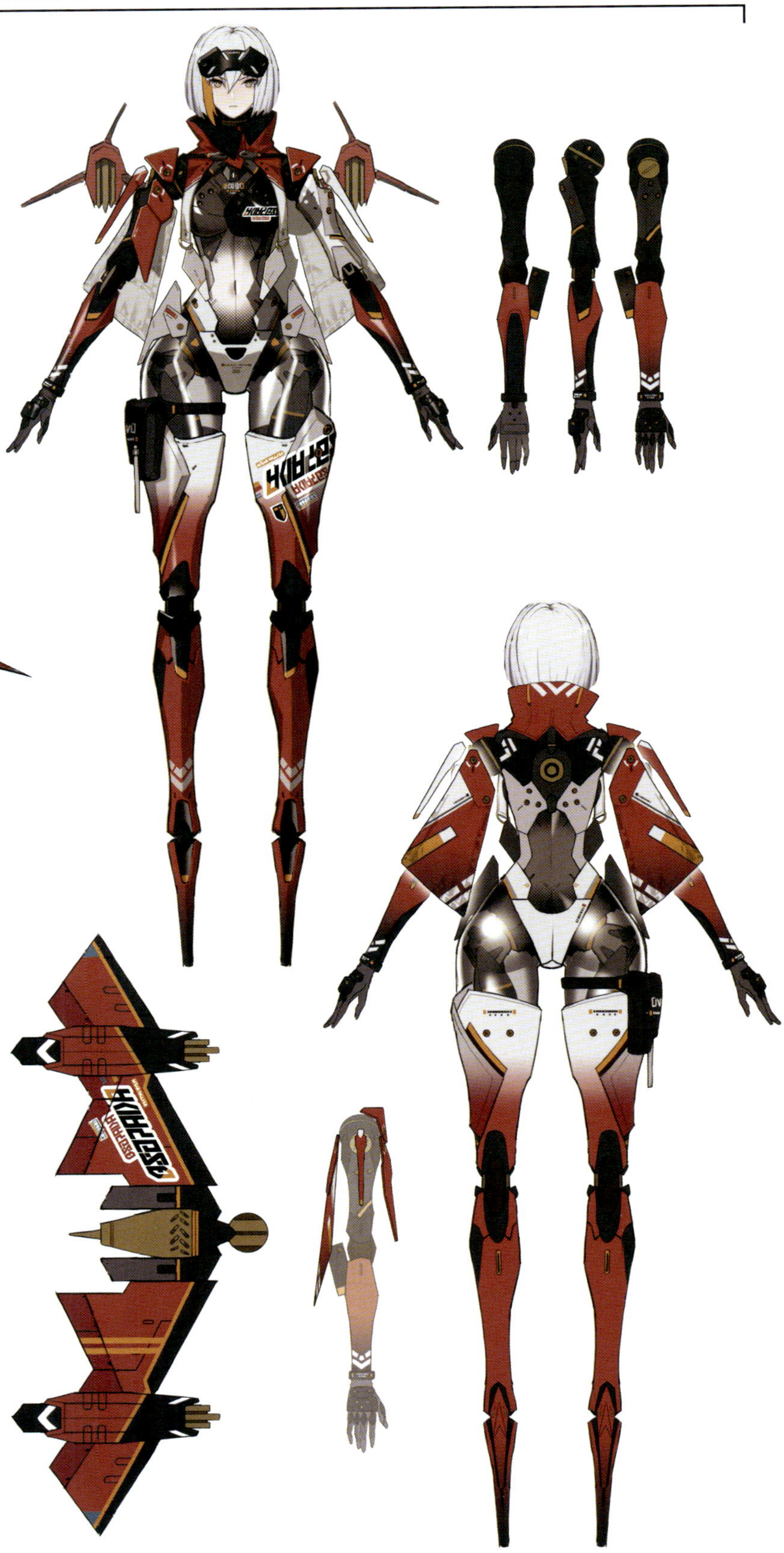

// COATING DISPLAY 涂装展示

// CHARACTER CONCEPT ART 角色概念设计

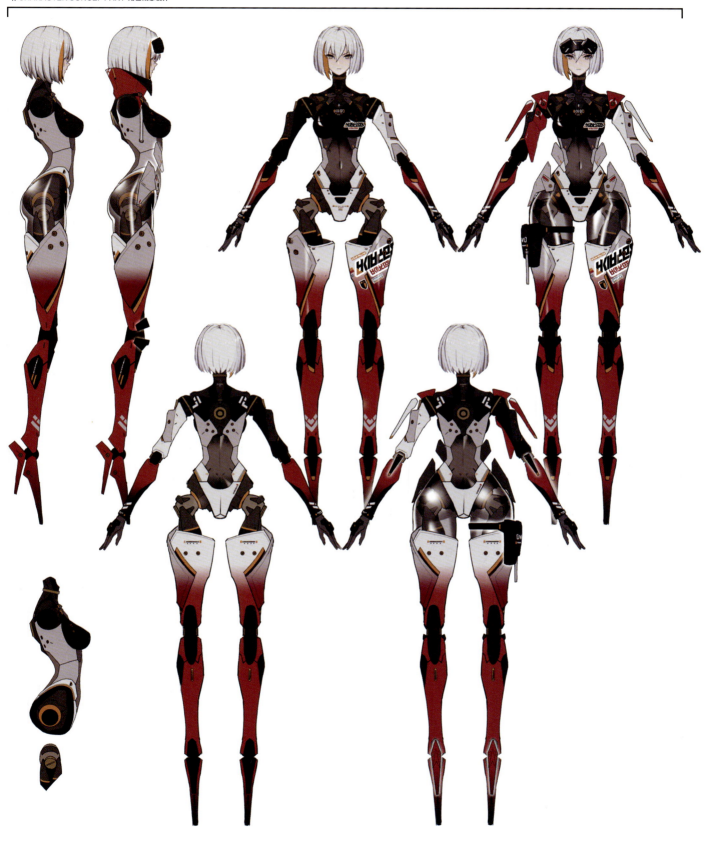

SFX **COATING**

库洛姆 · 荣光

特效涂装
余暇沐日

// COATING DESIGN 涂装设计

// COATING DISPLAY 涂装展示

TWO'S

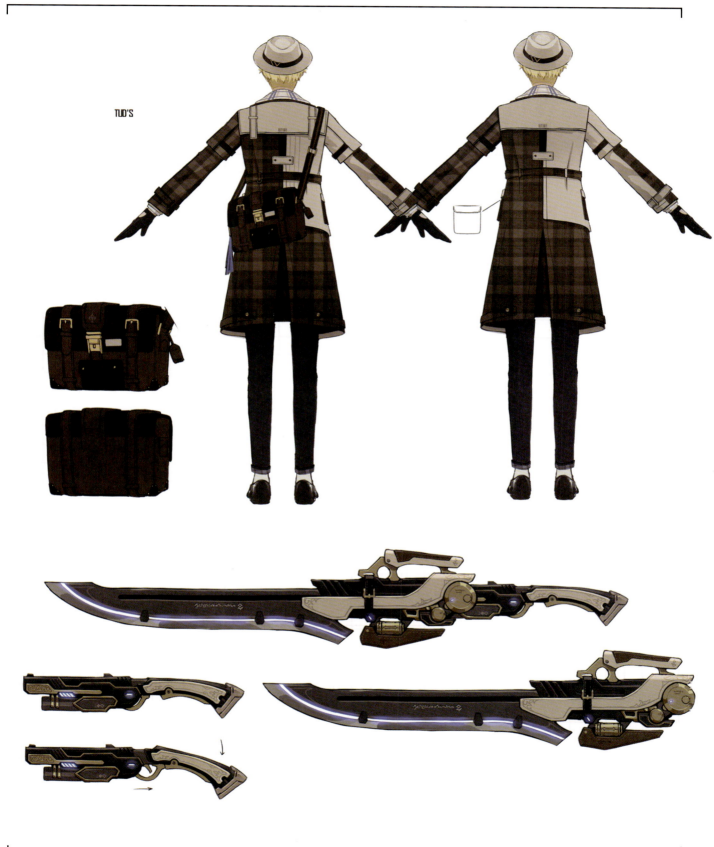

SFX COATING

露娜·银冕

特效涂装
苍空炽月

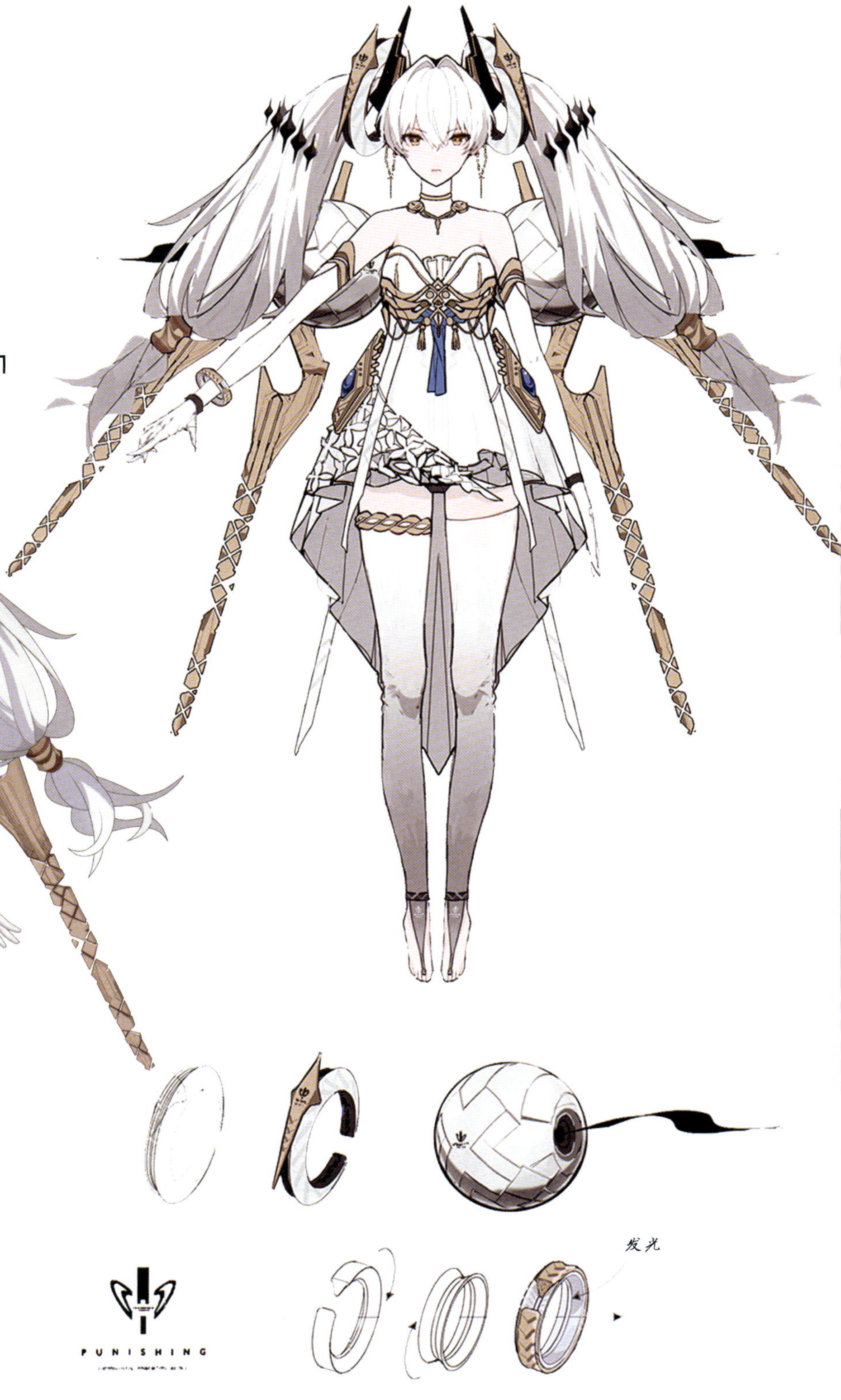

// COATING DISPLAY 涂装展示

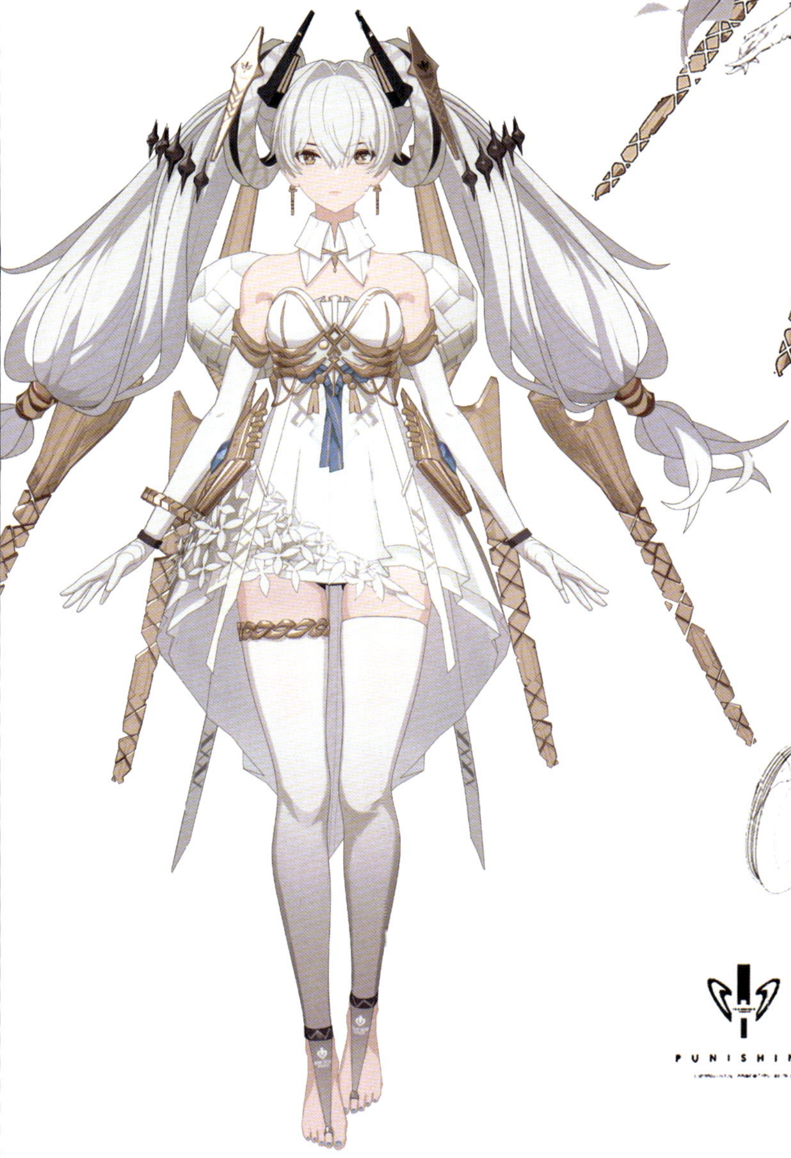

发光

PUNISHING

// CHARACTER CONCEPT ART 角色概念设计

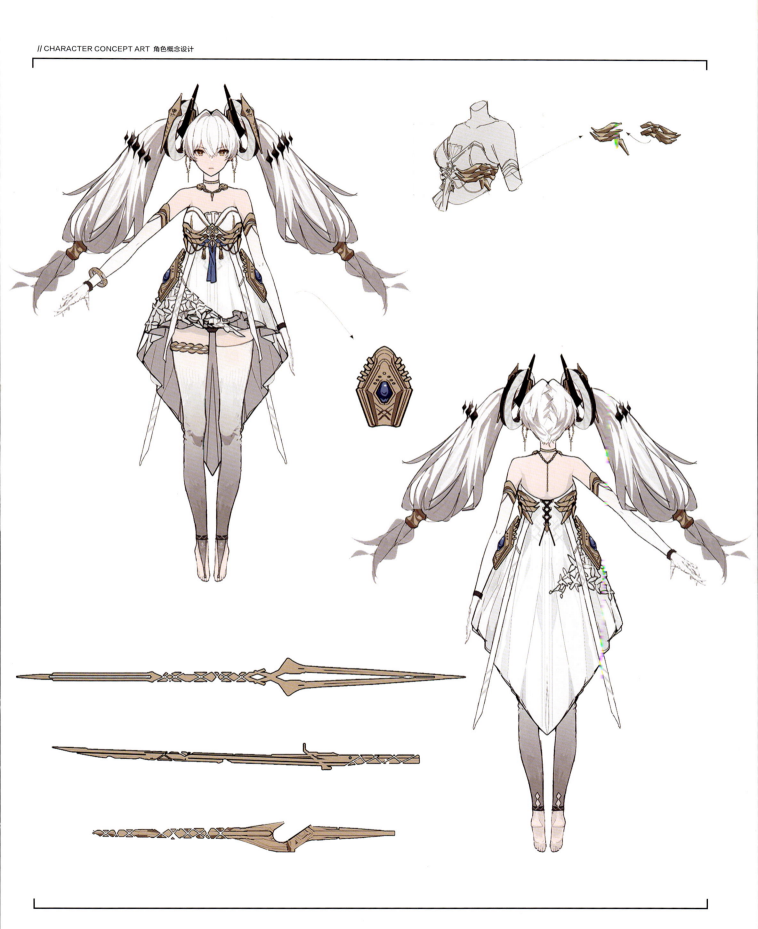

SFX COATING

赛琳娜·幻奏

特效涂装
晴喻天音

// COATING DESIGN 涂装设计

// COATING DISPLAY 涂装展示

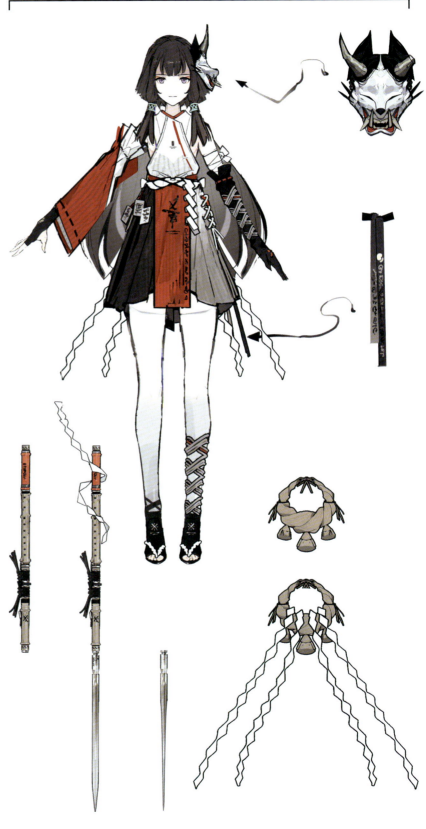

// CHARACTER CONCEPT ART 角色概念设计

COATING
薇拉 · 瑰丽

涂装
残恸解脱

// COATING DISPLAY 涂装展示

// COATING DESIGN 涂装设计

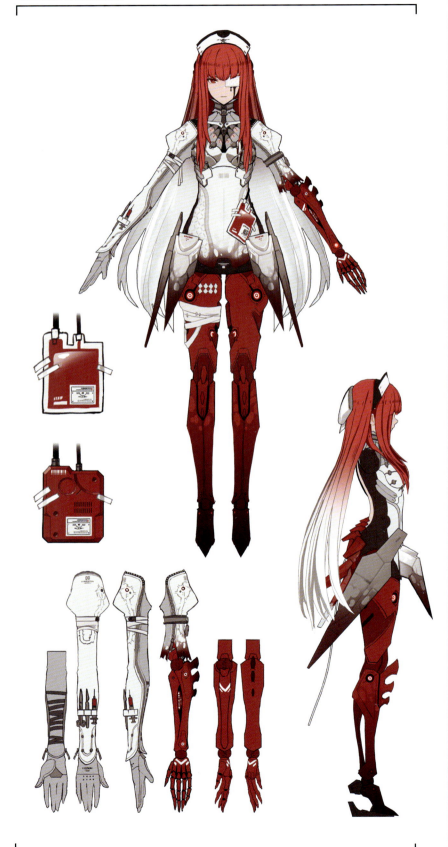

COATING

THE ART OF: (FULL REVEAL)

// PROFILE ACCESSIBILITY: FULL ACCESS
// OPEN FILE FOLDERS......

// START WITH

FROM
PAGE 087
TO
PAGE 093

辅助机 // CUB (COMBAT UNIT BOOSTER)

辅助机

THE ART OF GRAY RAVEN
FULL REVEAL

CHAPTER 02

S-RANK

啸铖

// CUB DISPLAY 辅助机展示 - 战斗状态

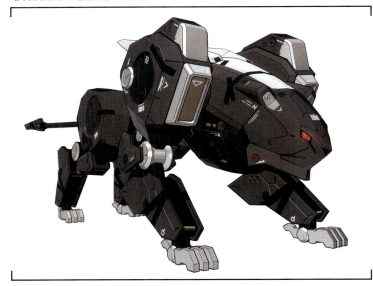

// CUB INFO 辅助机介绍

关于辅助机啸铖的起源，一个传闻是：它的原型机是七实的一只小型机械宠物，而七实希望身边这只"小猫"能够长大，更加威风，便干脆设计制造出了"大猫猫"——虎型辅助机。比起"幼年"版，这只"成年虎"拥有了更为强大的战斗能力。

// CUB DISPLAY 辅助机展示 - 待机状态

// CUB DESIGN 辅助机美术设计

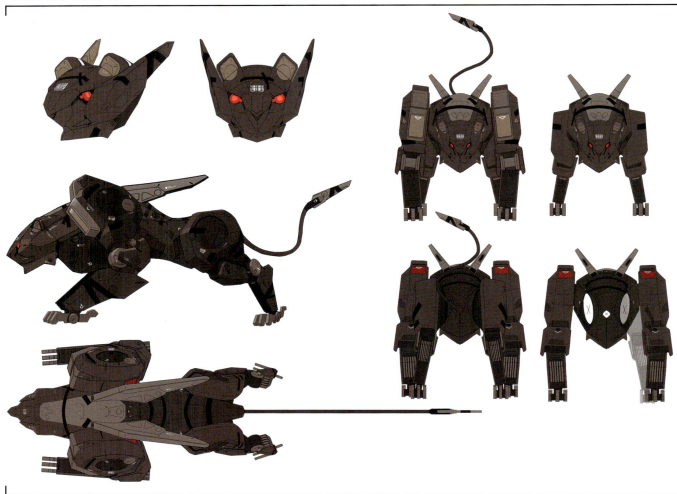

暝月

// CUB DISPLAY 辅助机展示 – 战斗状态

// CUB INFO 辅助机介绍

暝月是最为"安静"的辅助机。倒不是因为它的原型动物就是鲜少出声的生物，而是在真空的战场环境下，发声装置多余且无用。声音是它唯一低调的部分，当它巨大化和生成力场的时候，便是战场上最为瞩目的存在。

// CUB DISPLAY 辅助机展示 – 待机状态

// CUB DESIGN 辅助机美术设计

S-RANK

霏粼

// CUB DISPLAY 辅助机展示 – 战斗状态

// CUB INFO 辅助机介绍

霏粼原本是黑野方面预计量产成为单兵作战用航空踏板的载具，但由于大型化之后在重力环境下其稳定性和升力效率欠佳，最终未能量产，只保留下了最初的小型化试作机体，由科学理事会改造成了具备高速突击且火力强大的一击脱离特化型辅助机。

// CUB DISPLAY 辅助机展示 – 待机状态

// CUB DESIGN 辅助机美术设计

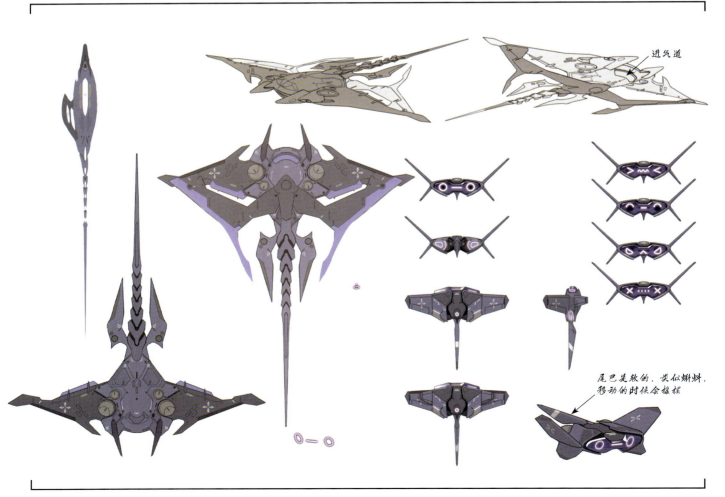

进气道

尾巴是软的，类似蝌蚪，移动的时候会摇摆

掣矩

// CUB DISPLAY 辅助机展示－战斗状态

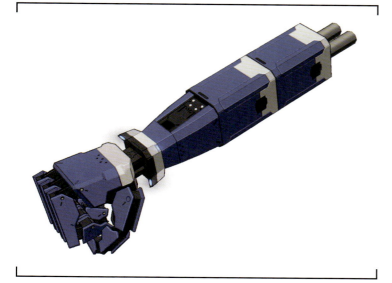

// CUB INFO 辅助机介绍

掣矩，原为灰鸦小队的里为采集分析新机体的战斗数据而临时启用的辅助机械，在机体适配完成后由科学理事会改造为可与构造体链接的随行支援单位，并且添加了用于战斗的纳米机械部件。

// CUB DISPLAY 辅助机展示－待机状态

// CUB DESIGN 辅助机美术设计

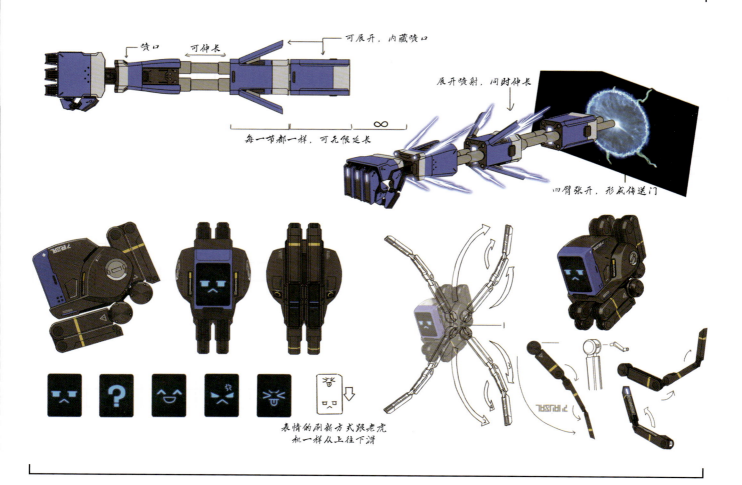

喷口

可伸长

可展开，内藏喷口

展开喷射，同时伸长

每一节都一样，可无限延长 ∞

回臂张开，形成传送门

表情的刷新方式跟老虎机一样从上往下滑

S-RANK

虹霁

// CUB DISPLAY 辅助机展示－战斗状态

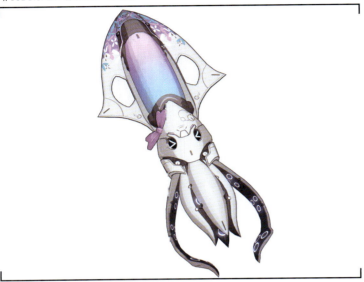

// CUB INFO 辅助机介绍

虹霁，最初是公共基础教育中心用于辅助艺术教育的机械，内置127 色颜料、28 类画笔与 7 种不同口径的喷枪。后被蕾奥妮改造为随行支援单位，配合万华机体的光束铳枪，能使战斗变得如绘画般写意。

// CUB DISPLAY 辅助机展示－待机状态

// CUB DESIGN 辅助机美术设计

攻击结束　　待机时会弹出对话框，对话框内会变换文字颜色

攻击

待机

中央腕足　　两侧腕足

收拢

四个腕足都一样　　单个腕足侧面

喷墨口

外　内

这两根自带一定程度扭曲

展开

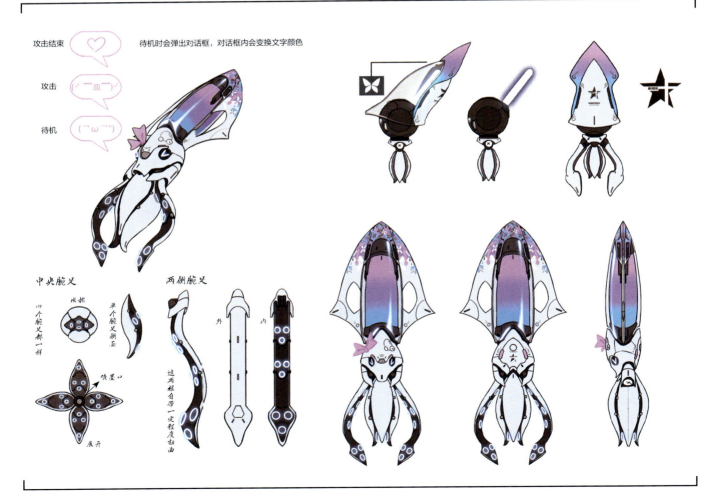

棘钩

// CUB DISPLAY 辅助机展示－战斗状态

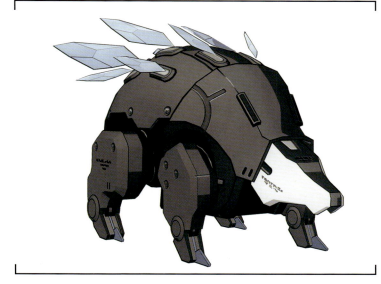

// CUB INFO 辅助机介绍

棘钩，原工程部队土地勘测组的量产机械，在挖掘作业中表现出的部分特性引起工作人员注意，被批准改造为辅助机。
开发过程中背后增设的棘刺保证了其御敌功能，而这也使其外形更加接近现在的形态。

// CUB DISPLAY 辅助机展示－待机状态

// CUB DESIGN 辅助机美术设计

Gray Raven

THE ART OF: (FULL REVEAL)

// PROFILE ACCESSIBILITY: FULL ACCESS
// OPEN FILE FOLDERS......

// START WITH

FROM
PAGE 095
TO
PAGE 113

敌人 // ENEMIES

敌人

THE ART OF GRAY RAVEN
FULL REVEAL

CHAPTER

VERSION 游云鲸梦

如日天

// ENEMY DESIGN 敌人设计

BOSS

// ENEMTY INFO 敌人介绍

排行第一的"嘿"帮领袖，怀揣成为说唱巨星的梦想。与其余三位兄弟遭遇挫折后成立"嘿"帮，不过对他来说，"嘿"帮或许只是工作，音乐才是他的生活。

杀神 诛魔 斩仙

// ENEMY DESIGN 敌人设计

精英

杀神，在"嘿"帮中排行第二，擅使一把吉他——"散播漆黑的意志，贯彻不屈的极道"。
诛魔，在"嘿"帮中排行第三，擅使一对鼓槌。
斩仙，在"嘿"帮中排行第四，擅使一把贝斯。

"嘿"帮小弟

// ENEMY DESIGN 敌人设计

普通

常成群结队出现，为几位大哥卖命，他们是"嘿"帮忠诚的小弟。

命运之轮

// ENEMY DESIGN 敌人设计

精英

// ENEMTY INFO 敌人介绍

隶属于机械教会的"命运之轮"，它的意志被时间磨灭，只剩下一条指令仍在重复——"为先哲的天启之路献身。"

Deporter-R
// ENEMY DESIGN 敌人设计

普通

// ENEMTY INFO 敌人介绍

量产型侦察用机械体，具有较高的飞行速度，通常被用于侦察工作。

Courier-M
// ENEMY DESIGN 敌人设计

普通

// ENEMTY INFO 敌人介绍

量产型作业用机械体，在通用场景下用于协助完成各类工业活动，例如物资搬卸。

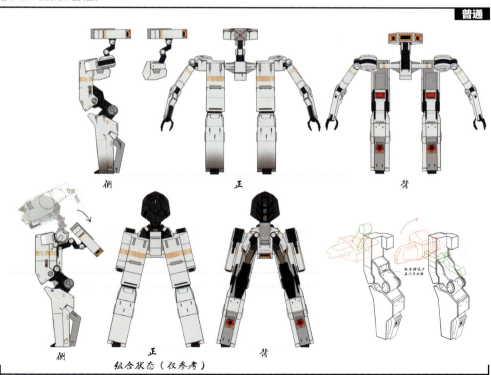

侧　　　　正　　　　背

侧　　　　正　　　　背
组合状态（仅参考）

Nalasr-E

// ENEMY DESIGN 敌人设计

普通

// ENEMTY INFO 敌人介绍

量产型武装机械体，大面积架设后可以对区域内敌人进行有效肃清，同时也具有一定程度的移动能力，使其可以支援各类战场。

Heal-Z

// ENEMY DESIGN 敌人设计

普通

// ENEMTY INFO 敌人介绍

量产型医疗机械体，用于协助医疗，四轮设计能够快速穿越多种地形，因此也在部分情况下用于短途运输。

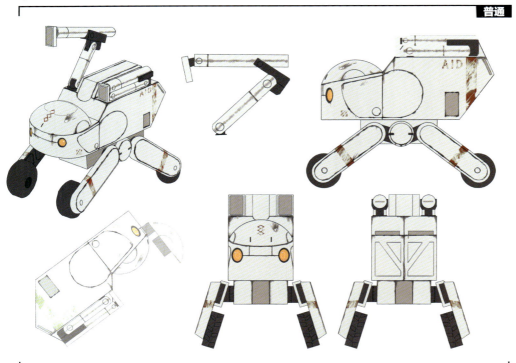

光辉行进者

// ENEMY DESIGN 敌人设计

// ENEMTY INFO 敌人介绍

BOSS

忠诚于机械教会，为机械教会现任"战车"。光辉行进者以战争机器为目的被制造，高度发达的AI使其能操控极其复杂的火力系统，同时也兼具不俗的机动性，以不休的意志驰骋在为同伴开拓未来的道路上。

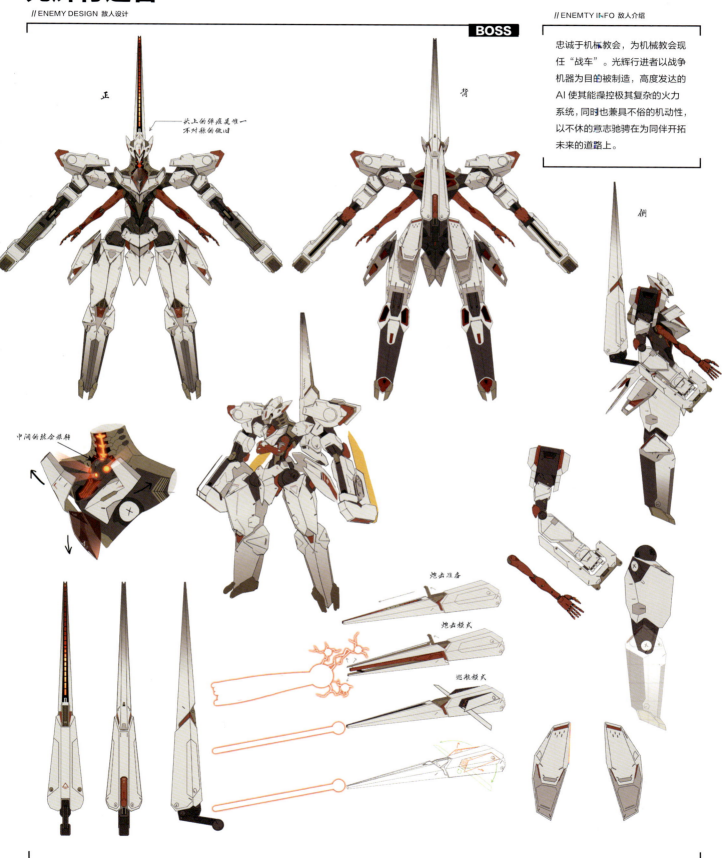

正

背

侧

头上的弹痕是惟一不对称的做旧

中间的核心旋转

炮击准备

炮击模式

巡航模式

噬月异种

// ENEMY DESIGN 敌人设计

BOSS

// ENEMTY INFO 敌人介绍

诞生于月球的异种生物，在吞噬"零点能"后不断进化为此刻的模样。异变时，它会把帕弥什病毒蔓延至整个月球，任何在它面前的阻碍物都将被它撕碎。

卡里面

二阶段后飘浮的碎块朝向从垂直变成通往头的朝向

内侧是平的不用凿坑

剖面

机械异种

// ENEMY DESIGN 敌人设计

精英

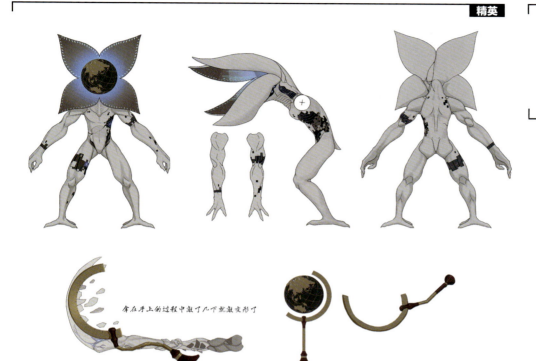

拿在手上的过程中敲了几下就敲变形了

// ENEMTY INFO 敌人介绍

觉醒机械塞万提斯仿照"噬月异种"制造出的战斗用机械体。因为无法复制头部的零点能擎，所以用地球仪代替，同时也不具备噬月异种特有的高速再生能力。

异种分身

// ENEMY DESIGN 敌人设计

普通

自爆前上半部分壳体会剧烈发光，内部呈细胞活动状

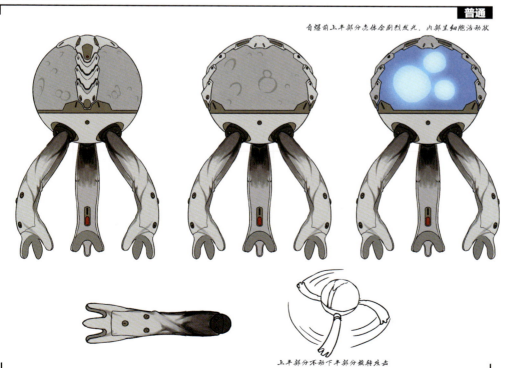

上半部分不动下半部分旋转攻击

// ENEMTY INFO 敌人介绍

由月球中的异种分裂而成，以此不稳定结构无目的地在这颗灰白色的星球上游荡。

惑砂 & 纸鹤

// ENEMY DESIGN 敌人设计

BOSS

// ENEMTY INFO 敌人介绍

原型为一架医疗轮椅，经由惑砂操控和指挥，能够代替他完成诸多行动，这个难以捉摸的欺诈师与这架如今已用于处刑的座椅带来了难计其数的毁灭与绝望。

纸鹤 – 座椅形态

// ENEMY DESIGN 敌人设计

BOSS

// ENEMTY INFO 敌人介绍

"纸鹤"的座椅形态。

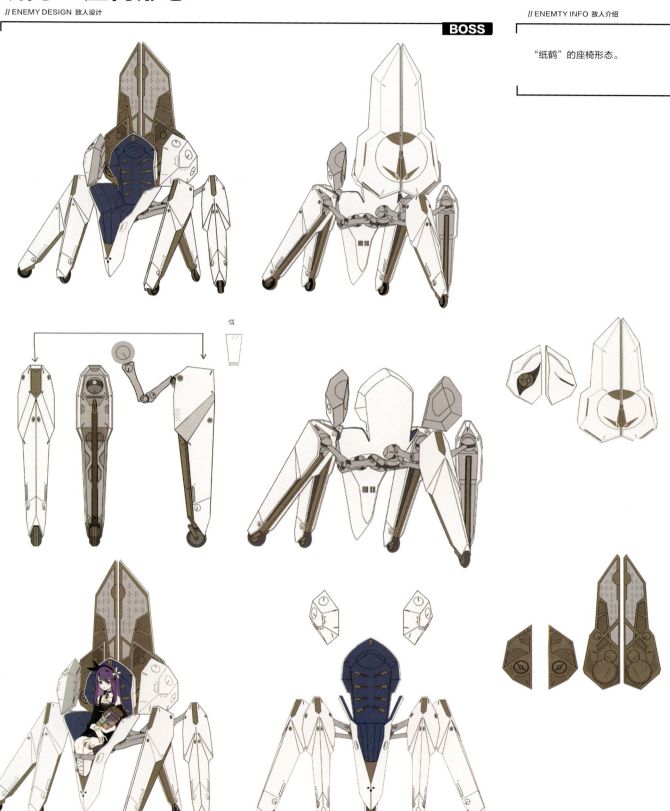

顶

异合人形：千子

// ENEMY DESIGN 敌人设计

BOSS

// ENEMTY INFO 敌人介绍

构造体千子曾被人视为不带感情的冷血追猎者，遭遇埋伏后，红潮中诞生的未知生命与她融合成了如今的躯体，她以这副残损的身躯追寻着解脱。

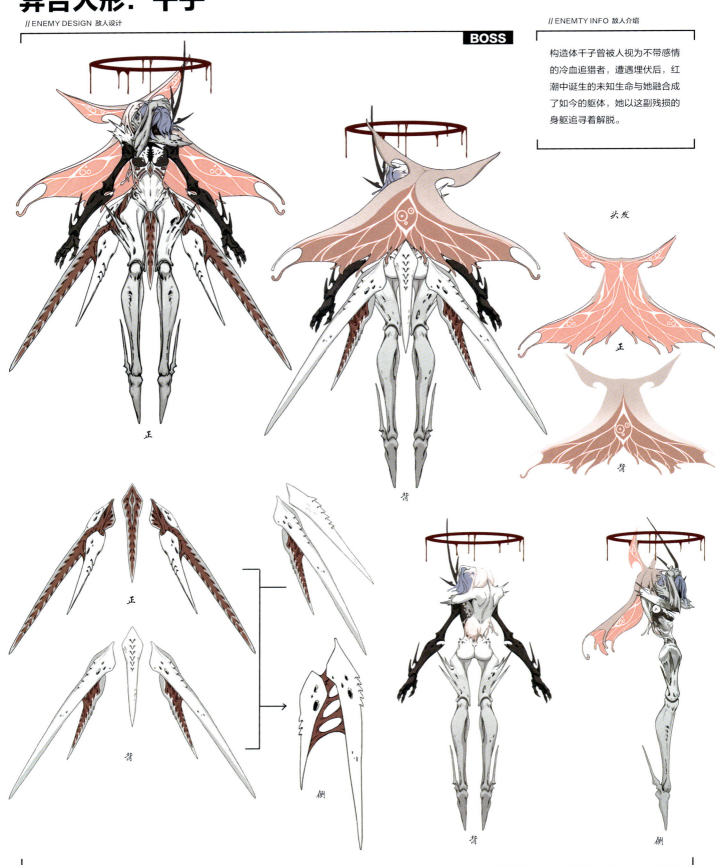

头发

正

背

正

正

背

侧

背

侧

意识聚合宿体

// ENEMY DESIGN 敌人设计

精英

// ENEMTY INFO 敌人介绍

红潮吞噬机械后的产物，无数意识在此宿体中融合，争夺着获得身体的权力。

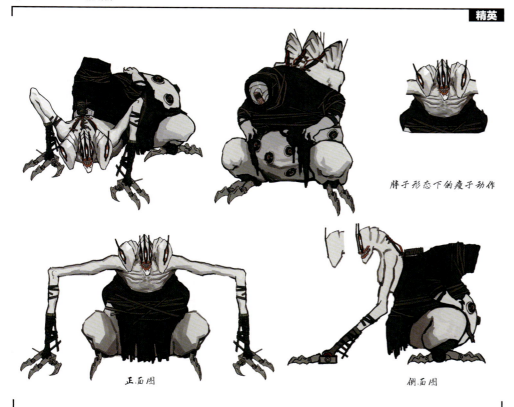

胖子形态下的瘦子动作

正面图

侧面图

仿钳宿体 / 赤礁宿体

// ENEMY DESIGN 敌人设计

普通

// ENEMTY INFO 敌人介绍

仿钳宿体，红潮中诞生的人型宿体，在毫无意识的状态下只能够由部分极端情绪引导，攻击着目所能及的一切。

赤礁宿体，由红潮寄生头部的宿体，在尚未形成自身意识的情况下游荡并寻找着能够破坏的对象。

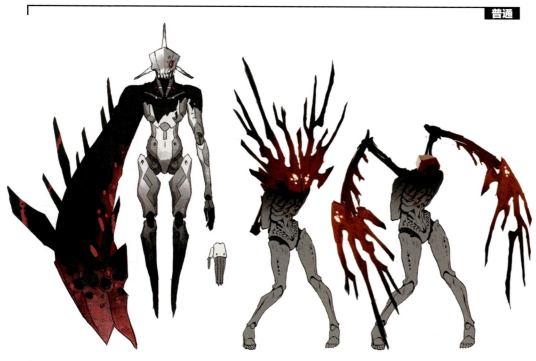

特异型机械体·马德拉

// ENEMY DESIGN 敌人设计

BOSS

// ENEMTY INFO 敌人介绍

机械体马德拉作为■■实验的集成终端，具备进行实验、观测对象、整合数据等功能。在此基础之上，考虑到受试者心理年龄较小，因而专门加设了保姆形态的外装以及生活辅助功能。从任务过程中遭遇到的情况来看，该机械体在没被感染的情况下出现了异常功能故障，以至于对设施本身以及其中的受试构造体进行了任务编程之外的改造。

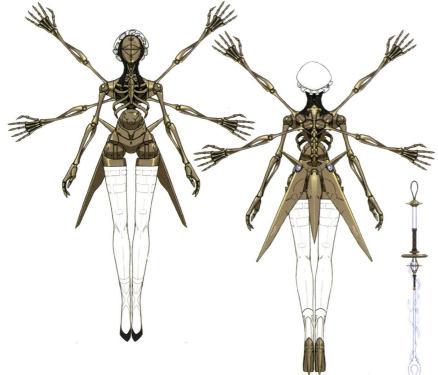

"多蒂"

// ENEMY DESIGN 敌人设计

精英

// ENEMTY INFO 敌人介绍

该实验型构造体经过了数十次非法改造，除最基础的固件外，其余部分都存在修改痕迹。通过对其零部件的调查，推断非法改造的操作者为机械体马德拉。"多蒂"并非该构造体注册在案的机体名。不确定出于何种原因，"多蒂"将马德拉称呼为"妈妈"并严格执行对方的指令。

好孩子 坏孩子

// ENEMY DESIGN 敌人设计

普通

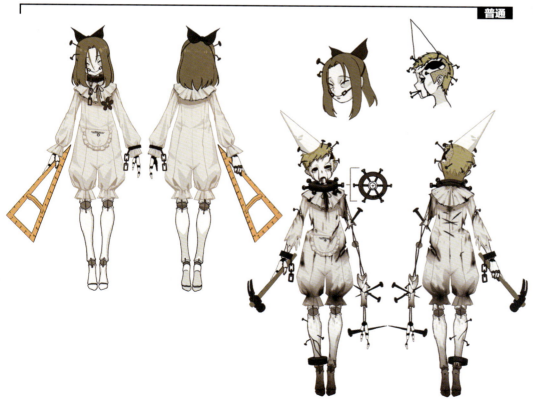

// ENEMTY INFO 敌人介绍

"好孩子"是被多次非法改造的实验型构造体，改造者为其植入了许多不符合设计规格的部件，在这样的情况下勉强运行，意识海会承受难以衡量的痛楚。

"坏孩子"是被多次非法改造的实验型构造体，如果单从改造手术的角度来看，这无疑是失败品。正常情况下，应该尽快为构造体安排更换机体手术。无论如何，让构造体以这种状态运行，无疑是一种残忍的"惩罚"。

未元投影体 一阶段

// ENEMY DESIGN 敌人设计

BOSS

// ENEMTY INFO 敌人介绍

无数维度的投影所集合而成的虚无形体。原本的它们既没有固定的躯壳，也没有统一的意识，却藉由异聚塔顶层的不断变动的因果律而交织在一起，将它们的极小部分力量投影到此处，向那试图叩响门扉的种族——那名为人类的生灵，作出询问。

VERSION 刻命螺旋

未元投影体 二阶段

// ENEMY DESIGN 敌人设计

BOSS

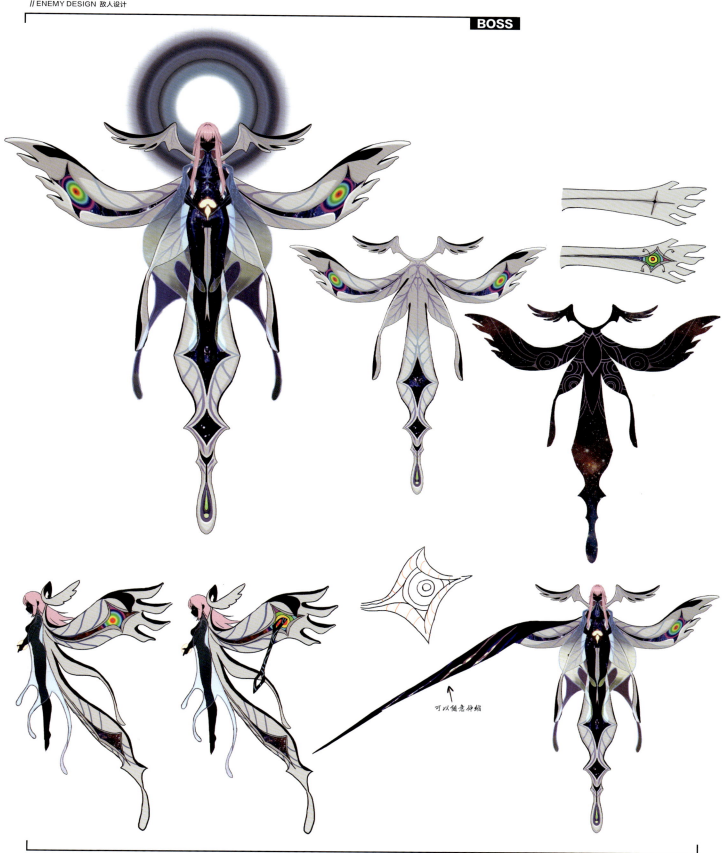

可以随意伸缩

VERSION 创绘映想

"回音"

// ENEMY DESIGN 敌人设计

BOSS

// ENEMTY INFO 敌人介绍

带着诸多谜团的构造体少女，她身旁骑士的体内蕴藏着数个声音与灵魂，自称"是被埋葬在过去的亡魂，是由欲望与罪恶重塑而成的'回音'。"

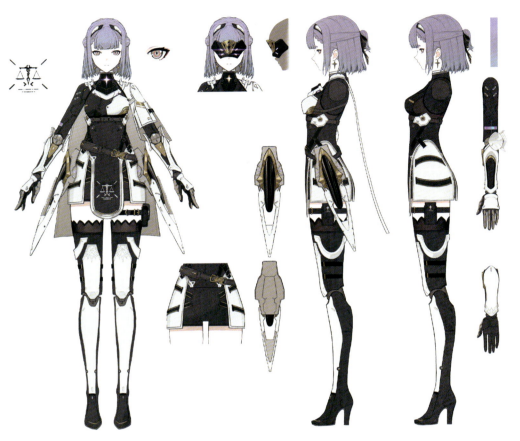

THE ART OF:
(FULL REVEAL)

FROM
PAGE 115
TO
PAGE 141

场景概念美术 // CONCEPT ART FOR ENVIRONMENT

场景
概念美术

THE ART OF GRAY RAVEN
FULL REVEAL

CHAPTER

04

武馆

[CONCEPT DESIGN 概念设计]

// DETAILS DESIGN 细节设计

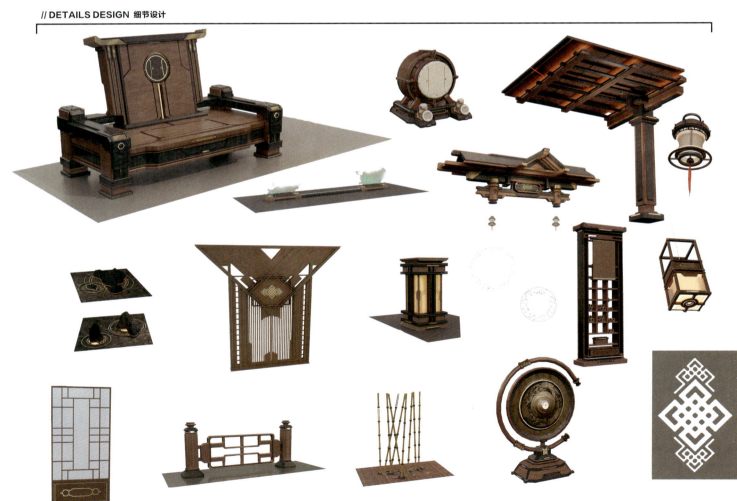

河道
[CONCEPT DESIGN 概念设计]

// DETAILS DESIGN 细节设计

方一各天

某一个未来 – 机械教会

[CONCEPT DESIGN 概念设计]

// STORY 曙星致意

// DETAILS DESIGN 细节设计

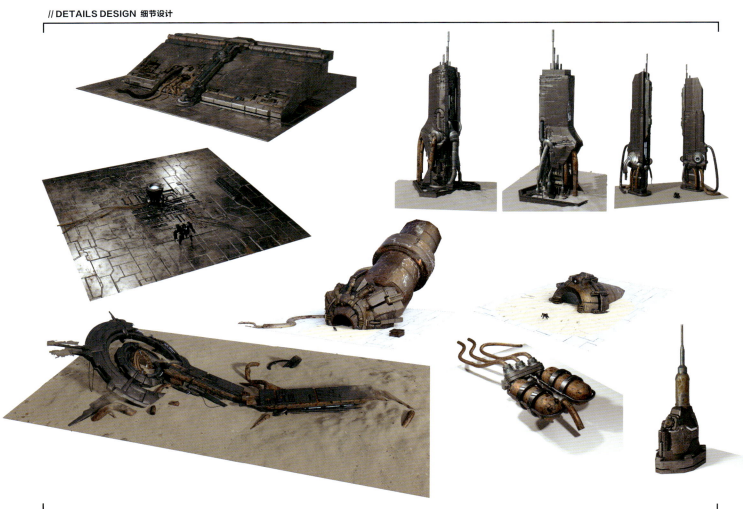

某一个未来 – 机械教会

雪地废墟广场

[CONCEPT DESIGN 概念设计]

// DETAILS DESIGN 细节设计

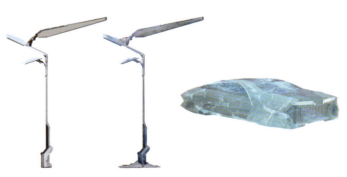

雪地废墟广场

极域协作

[CONCEPT DESIGN 概念设计]

// STORY 遥岸方舟

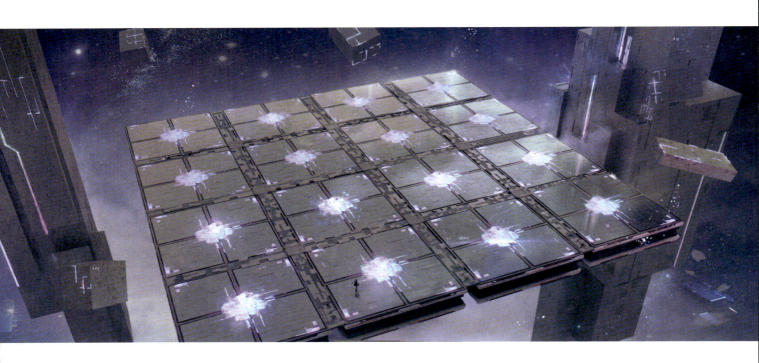

// DETAILS DESIGN 细节设计

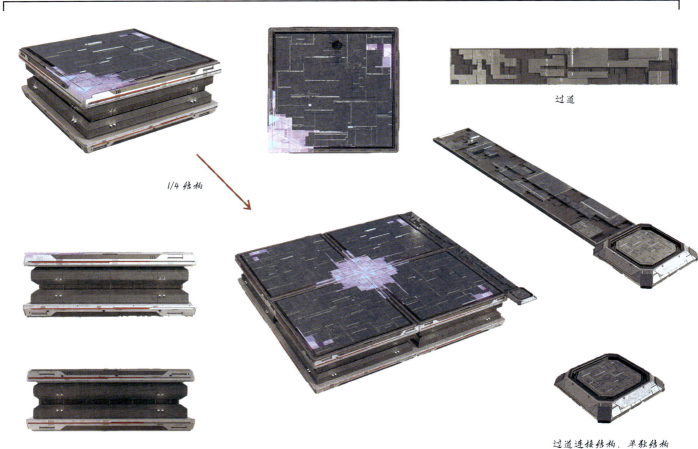

过道

1/4 结构

过道连接结构，单独结构

护卫舰甲板
[CONCEPT DESIGN 概念设计]

// STORY 遥岸方舟

// DETAILS DESIGN 细节设计

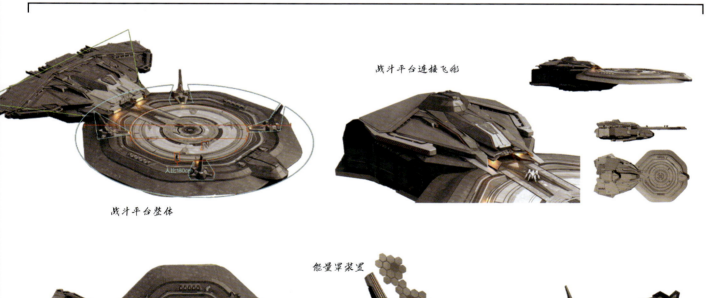

战斗平台连接飞船

战斗平台整体

能量罩装置

室内休眠仓

[CONCEPT DESIGN 概念设计]

// DETAILS DESIGN 细节设计

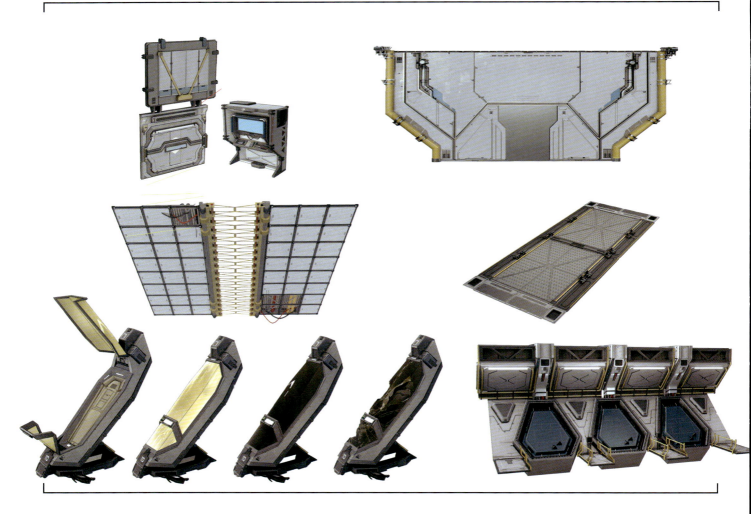

室内休眠仓

月面基地

[CONCEPT DESIGN 概念设计]

// DETAILS DESIGN 细节设计

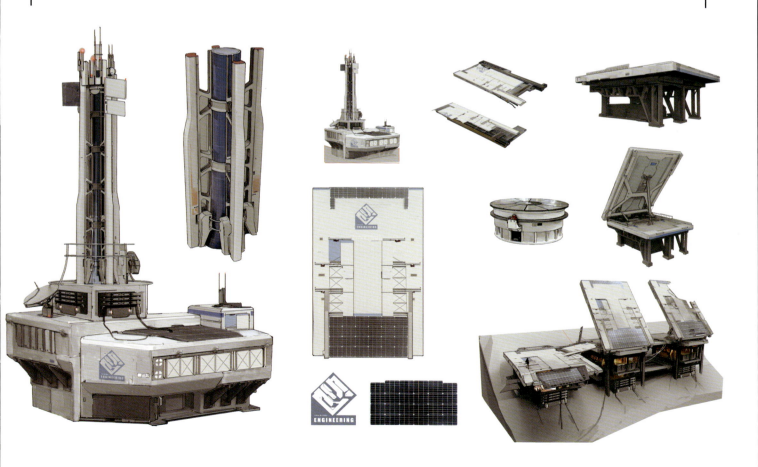

瓶中图书馆
[CONCEPT DESIGN 概念设计]

// STORY 枯朽为灯

// **DETAILS DESIGN** 细节设计

瓶中列车
[CONCEPT DESIGN 概念设计]

// STORY 枯朽为灯

// DETAILS DESIGN 细节设计

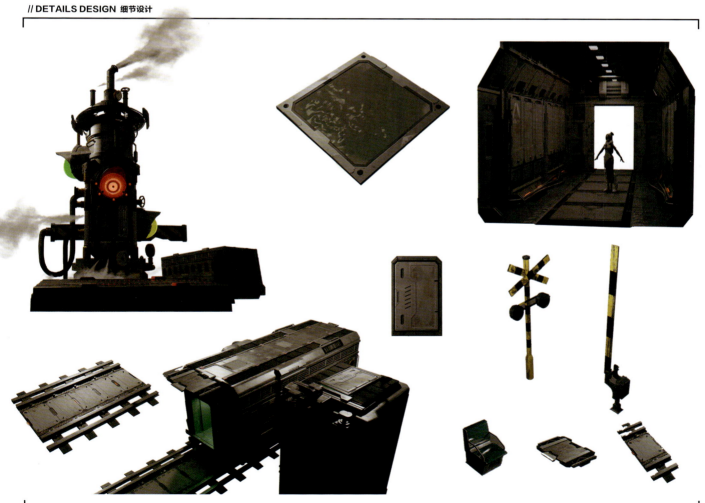

红潮入海口
[CONCEPT DESIGN 概念设计]

// STORY 烬海异途

// DETAILS DESIGN 细节设计

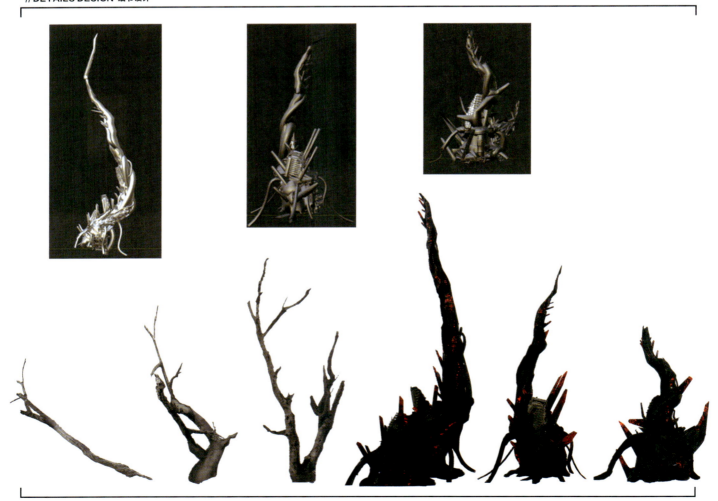

科波菲尔海洋博物馆

[CONCEPT DESIGN 概念设计]

// DETAILS DESIGN 细节设计

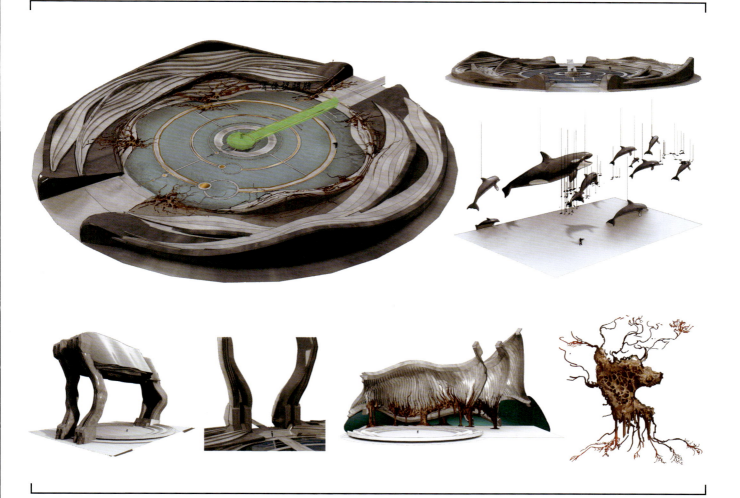

科波菲尔海洋博物馆

孤儿院监禁室
[CONCEPT DESIGN 概念设计]

// STORY 未语庭言

// DETAILS DESIGN 细节设计

孤儿院监控室
[CONCEPT DESIGN 概念设计]

// DETAILS DESIGN 细节设计

未元视界

[CONCEPT DESIGN 概念设计]

// DETAILS DESIGN 细节设计

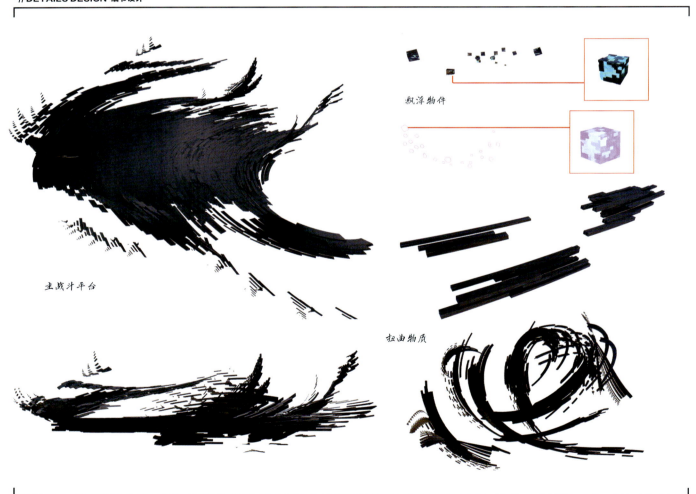

飘浮物件

主战斗平台

扭曲物质

异聚塔内部
[CONCEPT DESIGN 概念设计]

// DETAILS DESIGN 细节设计

异聚塔内部

风车塔

[CONCEPT DESIGN 概念设计]

// DETAILS DESIGN 细节设计

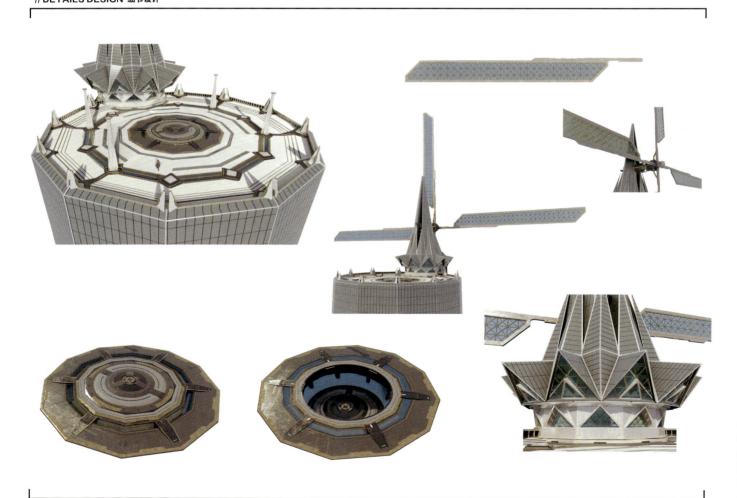

风车塔

康斯塔雷耶艺术馆大厅

[CONCEPT DESIGN 概念设计]

// DETAILS DESIGN 细节设计

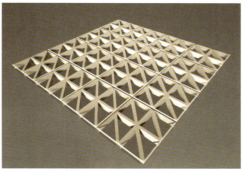

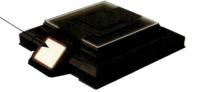

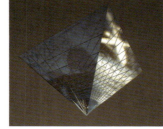

康斯塔雷耶艺术馆大厅

深巷记忆

// DETAILS DESIGN 细节设计

田园微风
// DETAILS DESIGN 细节设计

骑士楼阁
// DETAILS DESIGN 细节设计

推理殿堂
// DETAILS DESIGN 细节设计

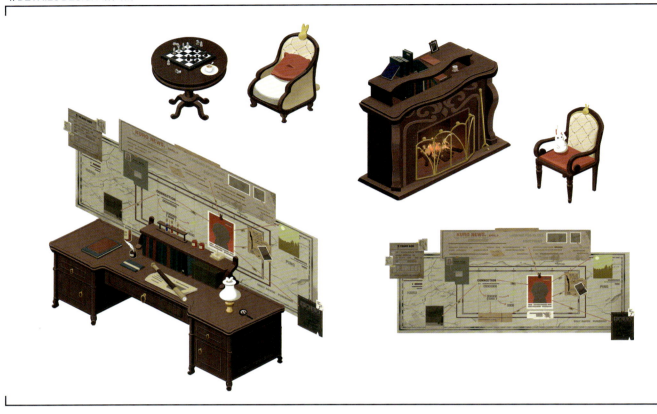

仙境茶话
// DETAILS DESIGN 细节设计

欢度端阳
// DETAILS DESIGN 细节设计

// STORY 枯朽为灯

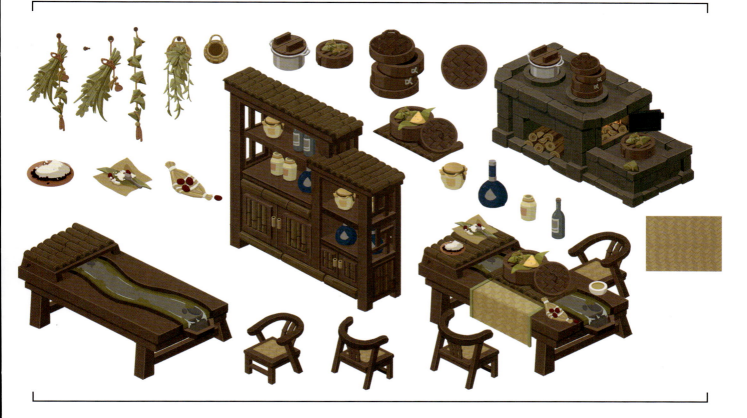

书言为灯
// DETAILS DESIGN 细节设计

// STORY 枯朽为灯

蒸汽浪潮

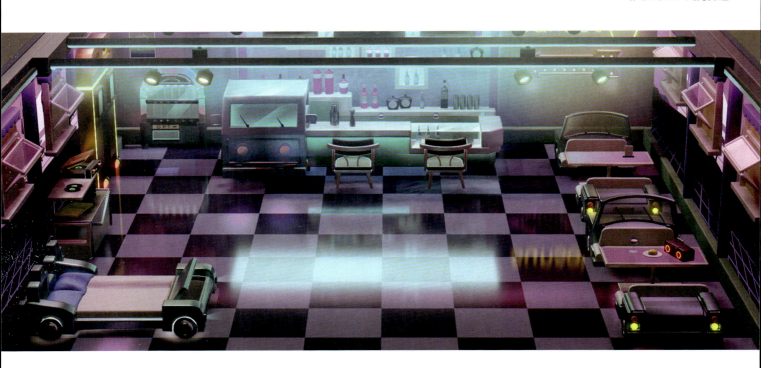

// DETAILS DESIGN 细节设计

糖果屋

// DETAILS DESIGN 细节设计　　　　　　　　　　　　　　　　　　　　　**// STORY 未语庭言**

飨月佳秋

// DETAILS DESIGN 细节设计　　　　　　　　　　　　　　　　　　　　　**// STORY 未语庭言**

掠影成像

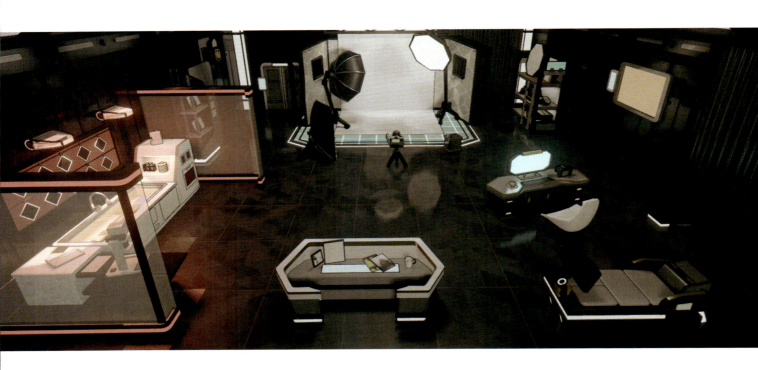

// DETAILS DESIGN 细节设计

探遗循迹

// DETAILS DESIGN 细节设计

Gray Raven

THE ART OF: (FULL REVEAL)

// **PROFILE ACCESSIBILITY: FULL ACCESS**
// **OPEN FILE FOLDERS......**

// **START WITH**

FROM
PAGE 143
TO
PAGE 233

插画 // ILLUSTRATIONS

THE ART OF GRAY RAVEN
FULL REVEAL

CHAPTER

// STORY 游云鲸梦 REVERIES WITH A WHALE

// STORY 游云鲸梦 REVERIES WITH A WHALE

// STORY 游云鲸梦 REVERIES WITH A WHALE

// STORY 曙星致意 HER LAST BOW

// STORY 曙星致意 HER LAST BOW

// STORY 曙星致意 HER LAST BOW

// STORY 空晓界限 A NEW DIVIDE

// STORY 空晓界限 A NEW DIVIDE

// STORY 枯朽为灯 CINDER BURNS

// STORY 枯朽为灯 CINDER BURNS

// STORY 炀海异途 ACROSS THE RUINED SEA

// STORY 炀海异途 ACROSS THE RUINED SEA

// STORY 刻命螺旋 SPIRAL OF CHRONOS

// STORY 刻命螺旋 SPIRAL OF CHRONOS

启程时刻
// STORY 游云鲸梦 REVERIES WITH A WHALE

蒲牢紧了紧行装，摸索着记忆踏入笼罩着城墙的薄雾。

游鱼一梦
// STORY 游云鲸梦 REVERIES WITH A WHALE

然后所有的一切都消失了，取而代之的是无数道鲸鸣。

终结暴力的暴力

// STORY 游云鲸梦 REVERIES WITH A WHALE

一切问题始于暴力，现在也要终于暴力。

终结暴力的暴力

// STORY 游云鲸梦 REVERIES WITH A WHALE

一切问题始于暴力，现在也要终于暴力。

手间暖流
// STORY 游云鲸梦 REVERIES WITH A WHALE

一缕阳光透过内心的阴霾，在名为心的房间洒下细微的光斑。
虽无法融化整片空间的冰冷，却也带来了久违的温暖。

庆典
// STORY 游云鲸梦 REVERIES WITH A WHALE

千里之行始于足下，蒲牢，出发！

小小的牵绊

// STORY 游云鲸梦 REVERIES WITH A WHALE

那么柔弱，又那么坚强……这就是你活着的"价值"吗？

龙威一斩

// STORY 游云鲸梦 REVERIES WITH A WHALE

别挡道！我还有要救的人，还有要完成的事……

七实的杰作！
// STORY 曙星致意 HER LAST BOW

这是七实的艺术杰作，如果雪也能有温度的话，就更像人类了。

你是谁？
// STORY 曙星致意 HER LAST BOW

行走在永冬未来的陌生人……为什么有种熟悉的感觉？

战火中的重遇

// STORY 曙星致意 *HER LAST BOW*

现在一切的关键都在于你——先哲大人。

名为"活着"的牢笼

// STORY 曙星致意 *HER LAST BOW*

生命被囚禁,自由成为了奢望。

未来重构
// STORY 曙星致意 HER LAST BOW

推演，重构，一次又一次……但无论多少次，七实都不会放弃寻找。

关于她与人类的思考
// STORY 曙星致意 HER LAST BOW

因何创造？又是因何而被创造？为何存在？存在又是为了什么？答案似乎可以有无数个，但其实只有一个。

刹那的重影
// STORY 曙星致意 HER LAST BOW

超越了时间与演算，世界的两端在她们的指尖重合。"七实，到了该道别的时候了。"

她最后的告别
// STORY 曙星致意 HER LAST BOW

再见了……要记得七实哦。

科学的交谈
// STORY 遥岸方舟 THE ARK BEYOND

凝视着机械少女的成长，单纯地记录着……却不知道某种东西正在悄悄萌芽。

第二次诞生
// STORY 遥岸方舟 THE ARK BEYOND

我相信尝试着了解人类的你们，会改变人类所恐惧的那个未来。

"我要那本"

// STORY 遥岸方舟 THE ARK BEYOND

这本熟悉的绘画书籍，是被称为"漫画"的产物——这是七实喜欢的其中一部漫画。

机械教会

// STORY 遥岸方舟 THE ARK BEYOND

众多的机械体因为"机械先哲"而聚集起来，而他们所成立的组织被称为"机械教会"。

再次相见
// STORY 遥岸方舟 THE ARK BEYOND

——"你记得……我的名字？"
——"当然了！哈卡玛是七实的朋友！"

遥惘
// STORY 遥岸方舟 THE ARK BEYOND

她下意识地寻求自己的启示，可不论是星空还是"先哲"都隐匿在阴云之后，无人回答。

HAICMA
// STORY 遥岸方舟 THE ARK BEYOND

寻找存在的意义，寻找未来的答案，我将以"哈卡玛"这个名字继续战斗下去。

LUNA
// STORY 空晓界限 A NEW DIVIDE

露娜只是冷淡地看着在场的一切，安静得一言不发。

伟大的爆炸
// STORY 空晓界限 A NEW DIVIDE

一场巨大的爆炸，才让一切美好的东西诞生。

亡灵

// STORY 空晓界限 A NEW DIVIDE

埋葬在过去的亡灵无法言语，向生者探出不甘的手。

论辩

// STORY 空晓界限 A NEW DIVIDE

不要妥协于牺牲，只要我们尚存，这样的希望就能无数次重现。

逆行者

// STORY 空晓界限 A NEW DIVIDE

逆向而行，前往各自的战场，去争取同一个胜利。

辉晓

// STORY 空晓界限 A NEW DIVIDE

她要将眼前的"希望"破坏，为了让破晓的光辉照在每个人身上。

雪原濒死
// STORY 枯朽为灯 CINDER BURNS

在意识融入雪原，化为一片空白之前……他做了一个幸福的梦。

交汇错过
// STORY 枯朽为灯 CINDER BURNS

你记忆里的那个人，是一个……需要被大家防备的角色吗？

负罪者回忆 1
// STORY 枯朽为灯 CINDER BURNS

他杀了自己的恩师，后悔已无济于事，心脏中只剩下对自身的憎恶的鼓动声。

负罪者回忆 2
// STORY 枯朽为灯 CINDER BURNS

为什么……蕾切尔队长……

死火的选择
// STORY 枯朽为灯 CINDER BURNS

如果生命是一团必将迈向死亡的火焰，在冻灭与燃尽之间，少年一定会选择后者。

箱中"怪物"
// STORY 枯朽为灯 CINDER BURNS

作为被升格者"饲养"在牢房里的构造体，说你是"怪物"也没什么问题。

请瞄准
// STORY 枯朽为灯 CINDER BURNS

既然你说这是最后一次警告，那么……下一次，请瞄准些。

暖春已至
// STORY 枯朽为灯 CINDER BURNS

静谧的荒原之下，只剩下树枝上随风摇摆的布片，还残存着与菲尔德的围巾有几分相似的花纹。

插画 // ILLUSTRATIONS

最终选择
// STORY 枯朽为灯 CINDER BURNS

希望才不是什么虚幻的寄托，而是我们在经历无数牺牲、无数痛苦之后得出的结论！

说声再见
// STORY 枯朽为灯 CINDER BURNS

这句"再见"对我来说已不再只意味着离别，而是你们曾在我身边的证明。

迈向未来
// STORY 枯朽为灯 CINDER BURNS

诺安，我叫诺安。请多指教，指挥官。

溯源装置
// STORY 烬海异途 ACROSS THE RUINED SEA

她的眼前出现了旧日之影。

请嘲笑
// STORY 烬海异途 ACROSS THE RUINED SEA

如果有一天我变成感染体了，就大声嘲笑我吧。

沉没……沉默
// STORY 烬海异途 ACROSS THE RUINED SEA

她向寂静的深海慢慢坠去。

静候死亡
// STORY 烬海异途 ACROSS THE RUINED SEA

这是……第几次活过来了？

合影
// STORY 烬海异途 ACROSS THE RUINED SEA

最初也是最后的合影。

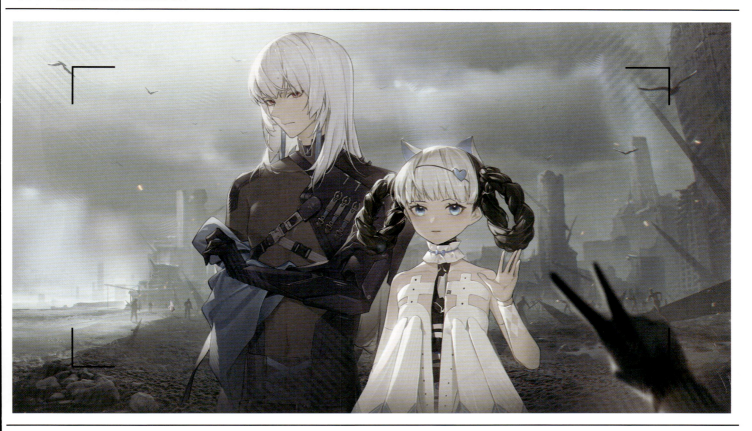

前进，前进，前进！
// STORY 烬海异途 ACROSS THE RUINED SEA

就算是无力的双手，也能扼住命运的咽喉。

她的痕迹
// STORY 烬海异途 ACROSS THE RUINED SEA

点点流光汇入溯源装置中。

归来
// STORY 烬海异途 ACROSS THE RUINED SEA

幸不辱命，大家一起回去吧。

白鹭的伤痕
// STORY 未语庭言 LEFT UNSAID

羽翼布满伤痕，却如同烙印一般刻印在彼此的牵绊上。

同眠夜话
// STORY 未语庭言 LEFT UNSAID

两人依偎着，没有多余的言语，更多的辞藻在此刻都会成为累赘。

镜中人形
// STORY 未语庭言 LEFT UNSAID

喜欢，是露出这样的表情吗？镜中的那个人形，就是"自己"的样子吗？

人偶之梦
// STORY 未语庭言 LEFT UNSAID

主人，邦比娜塔做了一个好长、好长的梦。

彼此的裂痕
// STORY 未语庭言 LEFT UNSAID

相框掉在坚硬的地板上，发出清脆的碎裂声——与之一同，有什么东西在此刻已然破碎。

听"妈妈"的话
// STORY 未语庭言 LEFT UNSAID

好孩子，成为，家人，桃乐丝。

家
// STORY 未语庭言 LEFT UNSAID

从今天开始，这里就是邦比娜塔的家……母亲、父亲……还有凡妮莎姐姐。

高维俯瞰
// STORY 刻命螺旋 SPIRAL OF CHRONOS

这将是……触及未开之门的伊始。

缄默
// STORY 刻命螺旋 SPIRAL OF CHRONOS

只有沉默静静流淌。

未界凝视

// STORY 刻命螺旋 SPIRAL OF CHRONOS

轻叩门扉的生物，与"祂"对视。

门扉

// STORY 刻命螺旋 SPIRAL OF CHRONOS

意识海深处所见的景象似乎从眼底开始蔓延，猩红色的浓雾覆盖了眼球，对时间的感知也开始变得模糊。

默然誓言
// STORY 刻命螺旋 SPIRAL OF CHRONOS

静默中，誓言已然立下。

危急时刻
// STORY 刻命螺旋 SPIRAL OF CHRONOS

不能再在这里耗下去了。

灾厄降临

灾厄的长针捅破天穹。

灾厄终结

一切回归平静。

咫尺天涯
// STORY 刻命螺旋 SPIRAL OF CHRONOS

擦肩而过，咫尺天涯。

"我回来了"
// STORY 刻命螺旋 SPIRAL OF CHRONOS

他终于回归到了这里。

艺术协会的少女
// STORY 创绘映想 RENAISSANCE DU FANTASTIQUE

这个世界就是她的画布。

镜中自我
// STORY 创绘映想 RENAISSANCE DU FANTASTIQUE

每枚镜面，都倒映出一个无力而迷惘的自我。

城市探索
// STORY 创绘映想 RENAISSANCE DU FANTASTIQUE

康斯塔雷耶的热烈欢迎。

画中自我
// STORY 创绘映想 RENAISSANCE DU FANTASTIQUE

去做一个追逐梦想的笨蛋吧!

旧日幻影
// STORY 创绘映想 RENAISSANCE DU FANTASTIQUE

别让往日的灾厄束缚住你。

觉醒
// STORY 创绘映想 RENAISSANCE DU FANTASTIQUE

亡灵挣脱了囚笼。

"骑士"与"诗人"

// STORY 创绘映想 RENAISSANCE DU FANTASTIQUE

此刻，流浪者停下了脚步。

月虹

// STORY 创绘映想 RENAISSANCE DU FANTASTIQUE

星夜之下，浮上月虹。

她的答卷

// STORY 创绘映想 RENAISSANCE DU FANTASTIQUE

她将描绘出名为未来的答卷。

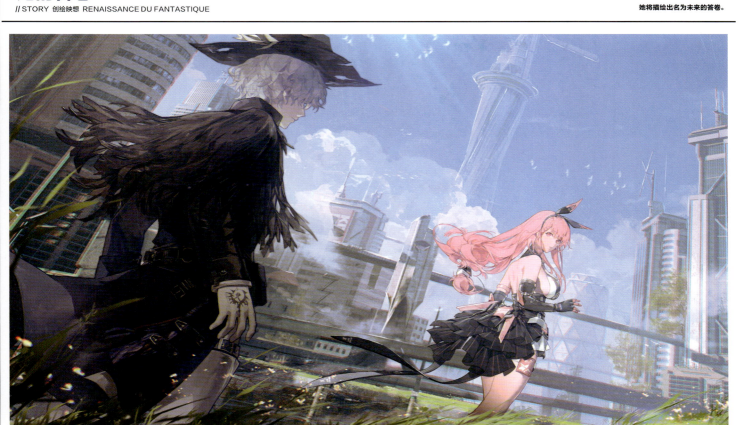

第一步

// STORY 创绘映想 RENAISSANCE DU FANTASTIQUE

她们迈出了彼此的第一步。

宣传插画 PROMOTION ILLUSTRATIONS

// PROMOTION 宣传图

// PROMOTION 宣传图

宣传插画 PROMOTION ILLUSTRATIONS

// PROMOTION 宣传图

// PROMOTION 宣传图

宣传插画 PROMOTION ILLUSTRATIONS

宣传插画 PROMOTION ILLUSTRATIONS

宣传插画 PROMOTION ILLUSTRATIONS

// PROMOTION 宣传图

// PROMOTION 宣传图

涂装插画 PROMOTION ILLUSTRATIONS FOR NEW COATING

// NEW COATING 新涂装

// NEW COATING 新涂装

涂装插画 PROMOTION ILLUSTRATIONS FOR NEW COATING

涂装插画 PROMOTION ILLUSTRATIONS FOR NEW COATING

涂装插画 PROMOTION ILLUSTRATIONS FOR NEW COATING

涂装插画 PROMOTION ILLUSTRATIONS FOR NEW COATING

涂装插画 PROMOTION ILLUSTRATIONS FOR NEW COATING

// NEW COATING 新涂装

// NEW COATING 新涂装

涂装插画 PROMOTION ILLUSTRATIONS FOR NEW COATING

节日贺图 ILLUSTRATIONS FOR MEMORIAL DAYS

// WHITE DAY 白色情人节

// WHITE DAY 白色情人节

节日贺图 ILLUSTRATIONS FOR MEMORIAL DAYS

// VALENTINE'S DAY 情人节

// LABOR DAY 劳动节

节日贺图 ILLUSTRATIONS FOR MEMORIAL DAYS

// MID-AUTUMN FESTIVAL 中秋节

// THIRD ANNIVERSARY 三周年

节日贺图 ILLUSTRATIONS FOR MEMORIAL DAYS

CHAPTER 05

节日贺图 ILLUSTRATIONS FOR MEMORIAL DAYS

// THIRD ANNIVERSARY 三周年

// EDEN FESTIVAL 伊甸文化纪

启动日贺图 ILLUSTRATIONS FOR ACTIVATION DATE

// HAPPY ACTIVATION DATE 启动日快乐!

启动日贺图 ILLUSTRATIONS FOR ACTIVATION DATE

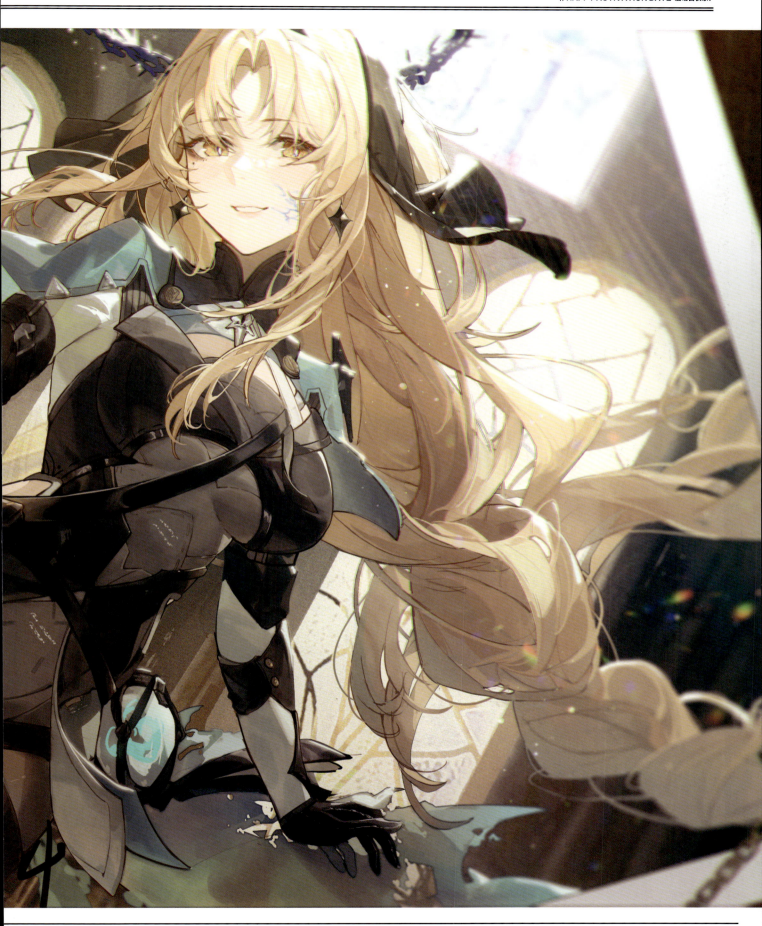

启动日贺图 ILLUSTRATIONS FOR ACTIVATION DATE

// HAPPY ACTIVATION DATE 启动日快乐!

// HAPPY ACTIVATION DATE 启动日快乐!

启动日贺图 ILLUSTRATIONS FOR ACTIVATION DATE

// HAPPY ACTIVATION DATE 启动日快乐！

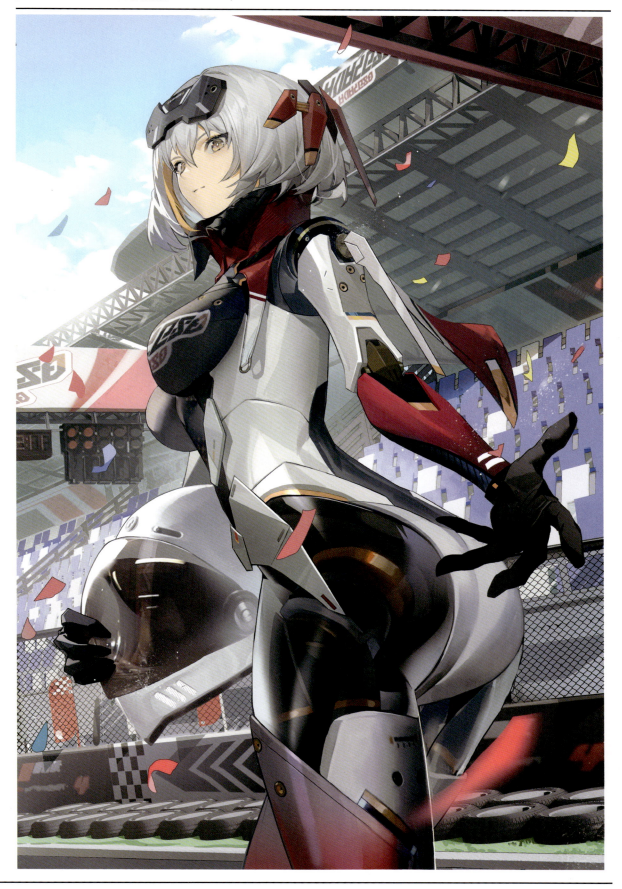

启动日贺图 ILLUSTRATIONS FOR ACTIVATION DATE

启动日贺图 ILLUSTRATIONS FOR ACTIVATION DATE

// HAPPY ACTIVATION DATE 启动日快乐！

启动日贺图 ILLUSTRATIONS FOR ACTIVATION DATE

启动日贺图 ILLUSTRATIONS FOR ACTIVATION DATE

// HAPPY ACTIVATION DATE 启动日快乐！

// HAPPY ACTIVATION DATE 启动日快乐！

启动日贺图 ILLUSTRATIONS FOR ACTIVATION DATE

// HAPPY ACTIVATION DATE 启动日快乐!

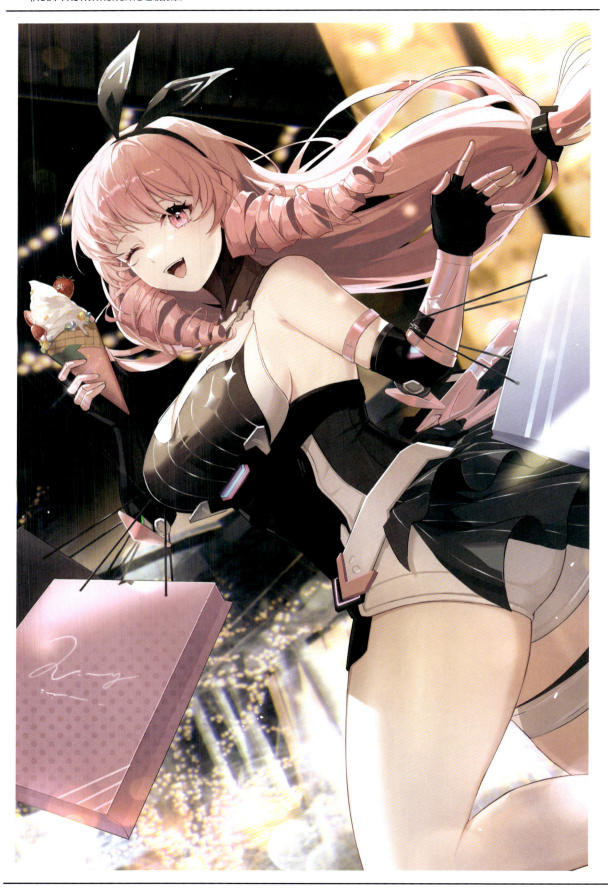

启动日贺图 ILLUSTRATIONS FOR ACTIVATION DATE

// HAPPY ACTIVATION DATE 启动日快乐！

// HAPPY ACTIVATION DATE 启动日快乐！

启动日贺图 ILLUSTRATIONS FOR ACTIVATION DATE

启动日贺图 ILLUSTRATIONS FOR ACTIVATION DATE

// HAPPY ACTIVATION DATE 启动日快乐！

启动日贺图 ILLUSTRATIONS FOR ACTIVATION DATE

// HAPPY ACTIVATION DATE 启动日快乐!

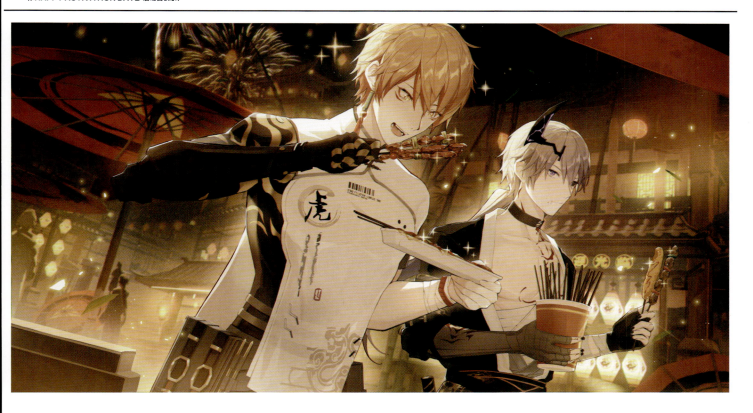

// HAPPY ACTIVATION DATE 启动日快乐!

Q&A

Q 回顾战双的第三年，制作组认为战双三周年的所有版本中，最成功的创新是什么？

A 从内容的角度去看，应该是"厄愿潮声"玩法的制作吧。我们在经历过"宣叙妄想"这种 rogue 玩法的制作"大翻车"之后，下定决心调整方向做出第二个大型 rouge 玩法确实需要莫大的勇气，当时部分制作人员甚至抱着"不成功便成仁"的决心，所幸结果是好的，很感谢当时为此全力付出的小伙伴们。

Q 玩家对战双三周年版本的反馈中有哪些积极的评价和建设性的意见？制作组如何利用这些反馈来调整和优化游戏？

A 战双团队一直以来都倾听玩家的反馈并根据反馈积极响应。感谢玩家对我们游戏肯定的反馈，我们会坚持保持住玩家认可的有优势的地方，对于批评的反馈我们会吸取其有效建议并进行复盘，增加我们在设计过程中对反馈的关注度，再结合实际落地的合理性来决定是否要这么做。

Q 在版本的设计和开发过程中，制作组是如何平衡玩家期待与开发团队的创意之间的关系的？

A 就拿角色卫星举例吧，研发团队在对卫星角色进行实际制作时，会对其实际形象进行一定程度的调整。这些创意有时会广受好评，有时也会受到玩家质疑。我们会通过分析玩家们质疑内容的严重性和数量级来对部分创意进行调整。

Q 在战双三周年的所有版本中，美术和设计方面有哪些创新和突破？如何确保游戏的视觉风格与前作保持一致性？

A **美术组：** 第三年是承上启下的一年，在这一年创作了万华、辉晓、深痕、超刻等不同以往规格的角色美术设计，为老角色进行了一次美术上的升级，同时也带来很多新的角色，比如邦比娜塔·琉璃，蒲牢·华钟等，为战双带来更加鲜明的设定表现；在细节设定上我们保留了战双传统的机械结构设计和小细节设定，这在一定程度上能够让我们得到新颖的设计，同时也能够感觉依旧还是那个"味道"。

Q 比安卡·深痕是非常受欢迎的角色之一，制作组能否分享一下设计开发深痕这个角色的过程？

A 美术组： 比安卡·深痕在美术概念上与前两个机体有明显的区别，看似变得"黑暗"了，主要核心设定点在于比安卡自己正视了被称为"魔女"的自己，把"人类因不完美所以完美，勇气是直视弱点，而不是剥离和否定"这个立意给具象化了。在战斗设计上，我们主要对主武器与提灯进行了提炼，采用德国双手剑和法杖的结合型武器。因为有两种武器形态可切换，所以我们需要为其配置两套动作设计，将杖与剑作为两种战斗形态表现了出来，并为其定制两套作为切换形态用的大招。这个是以往角色设计中未曾出现的，也是由此开启了角色战斗双形态的设计之路。另外是灯的相关设计，因为我们一开始一直在想灯的用法，很头疼，当时觉得比安卡的提灯，有点像冥府探路的感觉，所以就想做一个提灯展开一个阴影领域，叫作照域，刚好和超算空间结合起来。

A 战斗组： 在照域中，"6消"会和比安卡的影子一起释放技能，表达提灯下阴影的感觉。玩法上因为主动超算后玩家的输出非常安全，希望玩家在这个期间是有玩法的，所以设计了6消的玩法，不算重度但有一定的策略性，照域中6消玩得好，也让开大时和开大后更强力。

Q 制作组对那些一直支持游戏的老玩家和新玩家有什么想说的话吗？

A 全体策划： 虽然这个游戏乱七八糟，但还是很感谢大家能来玩，希望大家玩得开心！

愿每一位重返地球的人类之子平安……